행복에 이르는 발걸음

불교 성지순례를 위한 안내서

종사르 잠양 켄체 린포체Dzongsar Jamyang Khyentse Rinpoche 지음

수연秀蓮 옮김

행복에 이르는 발걸음

2020년 5월 22일 초판 1쇄 발행
지은이 종사르 잠양 켄체 린포체
옮긴이 수연
펴낸곳 도서출판 팡세
등록 2012년 8월 23일 / 제 2012-000046호
주소 서울시 성동구 살곶이길 50. 105-2403호
전화 02)6339-2797 팩스 02)333-2791
전자우편 pensee-pub@daum.net

ISBN 978-89-98762-09-4 03220

이 도서의 국립중앙도서관 출판예정도서목록(CIP)은 서지정보유통지원시스템 홈페이지(http://seoji.
nl.go.kr)와 국가자료종합목록 구축시스템(http://kolis-net.nl.go.kr)에서 이용하실 수 있습니다. (CIP제
어번호 : CIP2020019852)

행복에 이르는 발걸음

불교 성지순례를 위한 안내서

종사르 잠양 켄체 린포체Dzongsar Jamyang Khyentse Rinpoche 지음

수연秀蓮 옮김

도서출판 팡세

목 차

한국의 독자들께

우리 대부분은 방석 위에 바르게 앉아 좌선을 하고 있을 때에만 수행을 한다고 생각함으로써 수많은 불교 방편을 옹색하게 만듭니다. 수행의 궁극적 목표와 목적은 바르게 앉는 것이 아니라 만물의 진정한 실상을 발견하는 것, 즉, 진리를 보는 것입니다.

이 정견으로 부처님 가르침의 진리를 발견하는 많은 길들과 방편이 있는데, 순례를 떠나는 것은 이러한 진리를 떠올릴 수 있는 가장 훌륭한 방편 중 하나이고 심지어 '깨어남'이 무엇을 의미하는지를 맛볼 수 있습니다.

사실 순례는 부처님께서 신神이 아니라 우리와 같은 인간이란 걸 떠올리게 하는 아주 좋은 방법입니다. 그리고 그가 깨우친 상태에 이를 수 있다면 우리도 할 수 있습니다. 이런 식으로, 순례를 가는 것은 진정으로 깨달음의 길 위에서 우리를 격려해 줍니다.

물론, 이 책을 읽는 한국의 독자들은 석가모니 부처님의 탄생지, 온전히 깨어난 장소, 가르침을 설하신 곳, 열반에 드신 곳과 같은 성지를 방문할 수 있고, 이는 아주 멋진 일입니다. 하지만 모든 이들에게 이런 기회가 있는 것은 아닐 것이고, 만약 순례를 갈 수 없더라도 박탈감을 느낄 필요가 전혀 없습니다. 불교는 일생에 한 번 보드가야를 방문해야 한다는 처방전이 없습니다!

바로 여기 한국에는 산사山寺들이 있습니다. 특히, 한국 7대 사찰*은 모두 7세기로 거슬러 올라갑니다. 이는 한국의 오랜 불교 역사, 선교겸수의 중요성, 한국이 물려받은 살아 있는 경이로운 불교 전통을 상기시켜 주며, 오늘날 세계가 그 무엇보다 필요로 하는 것입니다.

비록 인도에 가지 못하거나 순례를 떠나지 못한다 할지라도, 이 책에 실린 몇 마디가 일부 독자들에게 한국의 경이로운 불교 유산에 자부심을 갖게 하고, 심지어 깨어남의 길에 발걸음을 내딛는 것이 저의 소망이자 염원입니다.

종사르 잠양 켄체

---

* 2018년 6월 30일 바레인 수도 마나마에서 제42차 세계유산위원회에서 통도사, 부석사, 봉정사, 법주사, 마곡사, 선암사, 대흥사가 한국의 산지 승원으로 등재 결정되었다.

서문

순례하는 전통은 수천 년 동안 세계의 모든 위대한 종교에 의해 고무된 관습입니다. 구도자들이 선행과 재미를 결합한 휴가를 보낼 수 있는 기회이기 때문에 인기가 있는 편입니다. 대부분의 사람들에게 이국적인 장소로의 여행이 전통이 옹호하는 금욕적이고 엄격한 관습보다 훨씬 더 매력적으로 다가오지만 즐거움의 추구가 순례의 유일한 이유가 되어서는 안 됩니다. 그러나 순례는 의심의 여지없이 어떤 수행도 하지 않는 나를 포함한 물질주의적 불자들에게 매우 효과적인 방편이며 상대적으로 간단하게 이룰 수 있으니 추천할 만합니다.

성지순례의 목적은 일반적으로 말해서 '성스러운' 장소를 방문하는 것입니다. '성스러운'의 어디와 무엇은 영적인 전통과 이를 따르는 무리들에 의해 달라질 수 있습니다. 특별한 성자나 구원자가 태어났거나 죽음을 당했기 때문에 어떤 장소가 성지가 될 수 있고, 성자가 축복을 했기 때문에 못이나 나뭇조각이 거룩해질 수 있죠. 불교의 관점에서 볼 때,

사람이나 사물, 심지어 한순간조차도 인간의 탐욕과 침략, 더 중요하게는 판단과 이원론에 의해 오염되지 않았다면 성스럽다고 묘사됩니다. 그래서 엄밀히 말하면, 외부에서 성지나 성자를 찾을 필요가 없습니다. 부처님께선 "누구라도 나를 생각한다면, 나는 그들 앞에 있을 것이다"라고 직접 약속하셨습니다. 그러므로 우리가 어디에 있건 부처님 혹은 불법을 생각하거나 신심을 느낀다면, 그는 즉시 우리와 함께이고 그 장소는 거룩해집니다. 하지만 아무리 이를 우리에게 설명하더라도, 우리의 영리하고, 비관적이며, 회의적인 마음은 이를 믿지 않습니다. 그것만으로도 우리는 '꽁뽀의 벤'과는 상당히 다르다고 말할 수 있습니다.

꽁뽀의 벤

벤은 엄청난 자량과 완전한 믿음을 지닌 위대한 존재로, 그의 단순함과 청정한 신심이 조건 지어진 인식의 경계를 애쓰지 않고 없앴습니다. 벤은 평생 동안 조오 린포체로 알려진 라싸의 유명한 석가모니 불상에 대한 이야기를 들었습니다. 이 불상은 그때나 지금이나 티벳에서는 가장 성스러운 불상 중 하나로 여겨집니다. 벤은 진심으로 조오 린포체를 뵙기를 바랐지만, 캄에서 출발하는 여정은 길고 험난하여 '라싸'까지 가는 데 여러 해가 걸렸습니다.

조캉 사원에 도착하던 날에 평상시와 달리 사람이 없었고 벤은 그토록 보고 싶었던 불상 앞으로 곧장 걸어갔습니다. 그가 조오 린포체의 황금빛 상호와 미소를 처음 본 순간, 불상을 좋아하게 되었습니다. 그는 넋을 놓고 오랜 시간 불상을 바라보았죠.

벤은 이 멋진 라마(조오 린포체)를 둘러싸고 있는 똘마[1]와 버터 램프를 보았지만 이 공양물들이 어떤 목적으로 거기에 있었는지는 몰랐습니다.

벤은 이 공양물들이 라마의 음식이라고 추측했고 그와 함께 식사를 하는 것이 예의 바른 일이라고 생각했습니다.

그래서 벤은 커다란 똘마를 녹은 버터에 적셔 아주 맛있게 먹었습니다.

다 먹은 후에 벤은 꼬라*를 돌기로 결정했습니다. 그러나 이 꼬라를 돌기 위해 벤은 장화를 벗어야 하는데 어디에 두는 것이 안전할지 잠시 망설였습니다.

그러다 그는 '아마도 이 친절하신 라마께서 잘 보아 주시겠지'라고 생각했습니다.

---

* 성스러운 대상을 시계 방향으로 도는 것. 탑돌이와 비슷하다.

그는 장화를 조오 린포체의 발 아래 벗어 두고 꼬라를 돌러 갔습니다.

그가 사원을 나선 지 얼마 되지 않아 사원의 관리인이 정리를 하기 위해 순찰을 하다가 존귀한 조오 린포체의 발 아래에 낡고 더럽고 아주 형편없는 장화를 보고 깜짝 놀랐습니다. 분개한 관리인은 장화를 치우러 불상 앞으로 달려갔는데, 직접 조오 린포체로부터 흘러나오는 듯한 목소리에 발길을 멈추었습니다.

그 불상은 "그 장화를 치우지 마라!"라고 했습니다. "그 장화를 그대로 두거라. 이는 꿍뽀에서 온 벤의 것이다!"

관리인은 너무 놀라서 시키는 대로 하고 서둘러 가버렸어요.

벤이 캄으로 돌아갈 때가 되자 불상 앞으로 돌아와 장화를 돌봐 준 것에 대한 감사를 드리고 조오 린포체를 꿍뽀의 그의 집에 초대했습니다. 불상은 일말의 주저함도 없이 "그래, 내가 가겠다"라고 답했습니다.

빼뚤 린포체에 의하면, 조오 린포체는 이듬해에 벤과 그의 부인을 방문했다가 집 근처의 바위에 녹아들었다고 합니다. 오늘날까지 그 바위는 라싸의 조오 린포체만큼 신성하다고 전해집니다.

헌신이 너무도 청정하여 그들의 진실한 바람이 실제로 성지를 만들고 성스러운 존재의 물리적 현존을 일으키는 순수한 마음을 가진 벤과 같은 많은 이야기들이 있습니다. 문수사리 보살께 깊은 신심을 지닌 로되의 예가 있습니다.

문수사리를 찾아서

어느 날 저녁 로되는 책의 한 구절이 그의 마음 깊은 곳에 와닿았습니다. 문수사리께서 누구라도 판차시샤 산山[2]을 여행하는 이에게 자신을 보여줄 것이라고 세 번이나 약속한 내용이었습니다.

로되에게 이는 가장 아름답고 고무적인 발견이었고 그날 밤 잠들지 못하고 밤을 샜습니다. 해가 뜨자마자 아침을 먹을 생각조차 못하고 스승의 집으로 가서 산에 가는 것에 대한 허락과 축복을 요청했습니다.

로되의 스승은 이 숨이 넘어가는 제자에게 위험과 고난으로 가득한 그러한 여행은 불필요하다고 설득했습니다. 그러나 로되를 말릴 수 없었죠. 계속해서 스승께 요청하여 결국 허락을 받았습니다.

그 시절에 여행은 쉽지 않은 일이었습니다. 로되의 모든 가족들, 친구들, 이웃들은 오대산으로의 여행이 얼마나 위험하고 해로운가에 대해 지적했죠. 그러나 로되는 의연하게 몇 달 동안의 음식과 의약품을 포장하고 늙은 당나귀에 짐을 신고 작별 인사를 한 후 티벳 고원을 향해 출발했습니다. 그 여정은 힘들었고 몇 달이 걸렸으며, 로되는 경고받았던 많은 역경을 겪어야만 했습니다. 물살이 거센 여러 개의 강을 건너야 했고 광활한 사막의 혹독한 더위를 견뎌 겨우 살아남았으며, 그의 유일한 동반자는 사나운 뱀들과 야생동물들이었습니다.

　로되가 오대산에 도착하자마자 문수사리를 찾기 시작했습니다. 그는 모든 곳을 찾아다녔고 계속해서 사방을 두루 살폈지만, 산이나 산기슭의 어디에도 보살과 닮은 사람조차 없었습니다.

　어느 날 저녁 사원의 차가운 철 계단에 기대어 로되는 깊은 잠에 빠져들었습니다. 그가 어떻게 그곳에 갔는지 전혀 알 길이 없지만, 갑자기 현지인들이 술을 마시고 웃고 즐기는 떠들썩한 술집에 들어가는 자신을 발견했습니다. 시간은 늦었고 로되는 피곤했죠. 몸집이 거대한 한 여인이 복도 끝에 있는 작은 책상에 앉아 있었습니다. 모든 이들은 그녀를 '마님'이라 불렀습니다. 그녀가 주인인 듯하여 로되는 하룻밤 묵을 수 있냐고 물었죠. 그녀는 모든 방이 다 찼지만 인상이 좋아 보이니 원한다면 복도 끝 난간에서 묵어도 좋다고 했습니다. 그는 감사하게 이를 받아드렸고 가방에서 책을 꺼내 읽으며 잠을 청했습니다.

　얼마 지나지 않아 난폭한 중국 건달들이 술집에서 나와 복도로 왔습니다. 그들은 마님의 엄청난 덩치를 보고 그녀를 마구 놀렸습니다. 로되는 최선을 다해 그들을 무시했지만 건달의 두목이 그를 보더니 누군지 알아보기 위해 다가왔습니다.

"여기서 뭐하는 거지?" 그가 물었습니다.

로되는 이 위험해 보이는 악당에게 뭐라 말할지 몰랐고 너무도 긴장하여 갑자기 문수사리 서약에 대해 말하는 자신을 발견했죠. 그 청년은 웃고 또 웃었습니다.

"당신네 티벳인들은 정말이지 미신을 잘 믿는구나! 왜 그런 거지? 책에 있는 내용을 실제로 믿는다니! 나는 일평생 여기에서 살았는데, 단 한 번도 '문수사리'에 대해 들어본 적이 없어." 그는 믿을 수 없다는 듯이 머리를 흔들고는 그의 친구들에게 눈을 돌렸습니다.

"겨울이 오고 있어." 그는 어깨 너머로 말했습니다. "얼어 죽기 전에 집으로 가."

건달들이 술 한잔 더 하려고 다시 술집으로 모두 들어갔습니다. 마님과 로되는 안도의 눈빛을 교환했습니다.

며칠이 지나 그가 다시 산에 갔다 성과 없이 돌아오는 길에 그 중국 건달 청년을 우연히 만났습니다.

"당신 아직도 여기 있어?" 청년이 말했습니다.

"포기하려고…." 로되는 힘없이 웃으며 답했죠. "당신 말이 맞아. 내가 너무 미신을 믿은 거야." "그래 당신은 할 만큼 했어, 그렇지?" 중국 청년은 흡족해 하며 말했습니다. "이제 집으로 가는 건가?"

"응 그래야지. 그런데 가기 전에 몽고에 순례를 가보려고. 집에 가는 길에 있으니 가보는 것도 좋을 것 같아. 그렇다면 이 여행이 적어도 시간 낭비는 아닐 것 같아서."

중국 청년은 로되가 슬퍼하는 모습과 축 처진 어깨를 보고 측은하게 느꼈습니다.

"할 말이 있어." 그는 조금 누그러든 태도로 말했습니다. "이제 당신은 돈도 다 떨어지고 먹을 것도 거의 없지, 그러니 도움이 필요할 거야. 몽고에 친구가 있는데 편지를 써줄 테니 그에게 갖다 주면 도움을 줄 거야."

다음 날 로되는 돌아가는 짐을 꾸렸습니다. 우울하고 낙담한 심정으로 마지막으로 오대산을 바라보았습니다. 전지하신 문수사리께서 작별 인사를 하시러 나타나실까? 그러나 분주히 오가는 인파와 약속했던 편지를 들고 나타난 중국 청년 외에 문수사리께서는 오지 않으셨습니다. 로되는 감사를 표하며 편지를 야크 가죽으로 만든 외투에 집어넣고 몽고로 향했습니다.

중국 청년의 친구가 산다는 마을에 도착하기까지 몇 주가 걸렸습니다. 편지에 주소가 적혀 있지 않아 로되는 만나는 모든 사람들에게 보여주며 이 사람이 어디에 사는지 물었습니다.

놀랍게도 편지를 본 모든 이들은 웃음을 터트렸습니다. 로되는 그들이 왜 웃는지 어리둥절했습니다. 한두 시간 후 로되는 편지를 읽을 수 있는지 물어볼 수 있을 만큼 충분히 오랫동안 자신을 통제할 수 있는 한 할머니를 만났습니다. 로되는 즉시 편지를 그녀에게 건네주었습니다. 할머니는 중국 청년의 글을 주의 깊게 읽었습니다.

"누가 이 편지를 썼나?" 그녀가 물었습니다.

로되는 그녀에게 모든 이야기를 하자 그녀는 한숨을 쉬며 고개를 저었습니다.

"이 젊은이는 끊임없이 자네같이 속수무책인 순례자들을 괴롭힌다네. 이 편지에 적힌 이름을 가진 생명체는 하나 있긴 해. 정말 편지를 가져다주려면 이 마을 어귀의 쓰레기장에 가보게. 아주 뚱뚱한 돼지 한 마리가 있는데 틀림없이 찾게 될 걸세."

로되는 할머니의 말이 당황스러웠지만 거의 다 왔으니 쓰레기장에 가서 돼지를 보기로 결정했습니다. 얼마 지나지 않아 산처럼 쌓여 있는 쓰레기장 앞에 도착했고 그 꼭대기에 엄청나게 크고 털이 많은 돼지가 앉아 있는 것을 보았습니다. 이 편지가 돼지에게 무슨 소용일까? 로되는 자괴감을 느끼며, 작고 반짝이는 돼지의 눈앞에서 편지의 두루마리를 펼쳤습니다. 그는 아무런 기대를 하지 않았지만 괴이하게도 돼지가 편지를 읽는 것처럼 보였습니다. 로되는 무척 놀랐고, 놀라움은 돼지가 걷잡을 수 없이 울기 시작하자 곧 경이로움으로 바뀌었고, 그 돼지가 갑자기 죽자 경이로움은 공포로 변했습니다. 무엇이 그 동물에게 그렇게 강한 영향을 미칠 수 있었는지에 대해 궁금해서 로되는 마침내 그 편지를 읽었습니다.

다르마 아르야 보살에게
몽고에서 요익중생을 위한 너의 임무가 성취되었다.
이제 오대산으로 속히 돌아오라.
문수사리

로되는 이에 무척 놀랐고 다시 기운을 내어, '이번에 문수사리를 만나면, 붙잡고 절대 놓지 않을 거야'라는 오직 한 생각으로 서둘러 오대산으로 돌아갔습니다.

그는 첫 번째로 그에게 잠자리를 제공했던 마님의 술집에 들렀습니다. 로되는 그 중국 청년을 보았는지 물었습니다.

"그 청년들은 항상 옮겨 다니니 어디에 있는지 누구 알겠나?" 그녀가 답했습니다.

로되는 억장이 무너졌습니다.

"그런데 자네 무척 피곤해 보이는데." 마님은 보다 부드럽게 말했습니다. "잠깐 잠을 자는 게 어때, 청년들은 내일 찾도록 하고."

그녀는 복도 끝에 있는 오래된 공간을 내어 주었고 로되는 금세 잠이 들었습니다.

그가 깨어났을 때 몹시 추웠고 사원의 계단에 기대어 쭈그리고 앉아 있었습니다. 거기에는 마님, 술집, 마을의 흔적이 없었습니다.

물리적으로 로되는 문수사리께서 살고 있다고 전해지는 외적 영역인 오대산에 있었지만, 그의 자량 덕분에, 문수사리를 찾고 만난 그의 모든 경험들은 꿈에서 일어났습니다. 로되는 경험 끝에 마침내 문수사리의 연민이 실제로 얼마나 방대한지에 대해 깨달았습니다. 이것이 언제나 저의 희망사항입니다. 사실 이는 너무도 방대하고 편만하여 로되의 고향을 비롯한 그 어디에서도 그의 현존을 청할 수 있습니다. 로되가 깨달은 한 가지가 있다면 중국으로의 여행이 불필요했지만 완전히 시간 낭비는 아니었다는 점입니다. 만약 그가 순례를 하지 않았다면, 아마도 내면의 여행을 하지 못했거나 어떤 것도 깨닫지 못했을지도 모릅니다.

데승 린포체로부터 이 이야기를 듣고 저는 오대산에 몇 번 갔었지만 로되만큼 성공하지 못했습니다. 문수사리를 친견하는 것도 실패했고 심지어 꿈조차 꾸지 못했습니다. 딱 한 가지 일어난 일은 사원의 매표 시스템과 표를 판매하는 욕심 많은 승려들에게 매우 짜증이 났다는 것입니다. 무엇보다도, 신성한 법당에 있는 불상들이 "국정 기념물"로 전락하는 것을 보는 것은 매우 슬픈 일입니다. 나중에 입장료 수입에만 관심이 있던 거만하고 탐욕스러운 승려 중 한 명이 혹시 문수사리였는지 궁금해지기 시작했습니다. 누가 알겠습니까?

1. 불교 성지

무엇이 장소를 '성지'로 만드는가

부처님께서 열반에 드신 2,500년 후인 오늘날 불자들은 부처님께서 머무셨던 많은 장소를 방문할 수 있습니다. 예를 들어 보드가야는 부처님께서 깨달음을 얻은 곳이고, 바라나시는 법륜을 굴리신 곳, 그리고 최근에 재발견된 많은 다른 불교 성지들은 200년 전만 해도 거의 알려지지 않은 장소였습니다.

불자로서 우리는 이 각각의 성지에서 어떤 일이 있었는지를 말함으로써 자신과 서로를 격려할 수 있습니다. 대부분의 이야기들은 편안하고 영감을 주며 종종 회화적이지만, 성지에 대해 듣는 모든 이야기들이 반드시 기분을 좋게 만드는 건 아니란 것을 알아 두시면 좋을 듯합니다.

기원전 3세기 중반 무렵, 아쇼카 왕은 수년간의 전쟁과 유혈 사태 끝에, 그의 뜻에 순종하기를 거부한 칼링가(현재의 오리싸)를 제외한 인도의 상당 부분을 장악했습니다.

아쇼카 왕은 단호하고 무자비하게 인도 역사상 가장 큰 군대를 보내 칼링가 군대를 전멸시켰고, 10만 명 이상의 군인들을 학살했고 그들의 가족들은 사방으로 흩어졌습니다. 이 전투는 아쇼카 왕의 가장 위대한 승리입니다. 하지만 2차 세계대전 말에 폭탄이 투하된 히로시마에 비견

될 수 있을 만큼의 엄청난 학살과 황폐라는 대가를 치러야만 했습니다.

위대한 왕이 다야 강 유역 유혈 전장에 산처럼 쌓여 있는 부러진 시체들을 둘러보았을 때, 그는 갑자기 자신에게 책임이 있다는 생각이 들었고 막대한 고통과 공포가 엄습해 왔습니다. 그 결과 그는 자신의 폭력적인 행동에 대한 비탄에 빠져들었습니다. 깊은 참회가 마음에 가득 찼고 그 참회는 그를 부처님 가르침을 따르도록 이끌었죠. 이는 불교 역사상 가장 기념될 만한 전환입니다. 아쇼카 왕은 남은 여생을 그의 제국에 불교를 전파하는 데 헌신했습니다. 오늘날 그 끔찍한 전장은 불교 성지가 되었고, 특히 아힘사(비폭력)를 실천하고자 하는 사람들에게 신성시되고 있습니다.

바라나시 근처의 사르나트는 부처님과 다섯 명의 제자가 처음으로 사성제四聖諦에 대해 토론한 곳으로 이후 가장 유명하고 존경받는 불교 성지 중 하나가 되었습니다. 사성제는 중국, 일본, 미얀마와 같이 먼 나라의 왕, 정치인, 학자들에게 큰 영향을 미치면서 아시아 전역에 가르침이 전해졌습니다. 이 가르침은 매우 이상적이고 보편적으로도 의의가 있어 서구의 영적 구도자들과 학자들의 생각과 마음에 들어오기 시작했죠. 결과적으로 수백만 명의 사람들이 불법의 진리에 눈을 뜨고, 그들 마음에 변화가 일고 인생이 바뀌게 되었습니다.

비록 '성지'는 상대적인 개념이지만, 부처님께선 절대적인 진리를 설하셨습니다.

보현행원의 힘에 의지하여,
모든 승리자들께서 바로 눈앞에 계시듯이 깊이 믿고,
제 몸을 불찰극미진수로 나타내고,
낱낱 몸으로 불찰극미진수 모든 부처님들께 예경 올립니다.

불찰극미진 낱낱 티끌 속마다
많은 보살님들께 둘러싸여 계시는
불찰극미진수 계시는 모든 부처님들의 공덕장엄을
깊이 믿고 찬양·찬탄합니다.[1]

이 기도문에 따르면, 우주에 있는 원자의 수만큼 현상계의 각 원자에도 많은 부처님이 계신다고 합니다. 그러므로 우리는 부처님께서 베이징 싼리툰의 중심부, 파리의 블로뉴 숲, 콜카타의 카빨리 바간에 계실 가능성을 배제할 수 없습니다. 실제로 이는 가능성이 아니라 백 퍼센트 확실합니다. 하지만 대부분의 사람들의 마음이 무척 경직되어서, 그러한 장소를 방문하는 어떤 사람도 그들 중에 부처님을 인식할 수는 없을 것입니다.

성지에 대한 통념은 거의 정적이 감도는 가운데 금박과 보석으로 장엄된 화려함을 선호하는 경향이 있습니다. 우리는 방대한 견해의 일부인 마음의 유연함과 개방에 대해 익숙하지 않고, 대신 우리가 자라 온 모든 사회적 규범과 기대에 사로잡혀 있습니다. 우리 중 대부분에게 성지는 반드시 고요하고 깨끗하고 정돈되어 있어야 하며, 덥거나 먼지가 많거나 시끄럽거나 파리떼들이 있어서는 안 되며, 악취가 진동해선 안 됩니다. 그럼에도 불구하고 완전히 혼돈 상태인 보드가야나 바라나시 같은 곳은 진정한 성지로 계속 추앙되고 있습니다.

우리는 네팔과 인도의 국경이 오늘날보다 훨씬 더 정확하지 않았던 2,500년 전 석가모니 부처님께서 고대 인도에서 태어나셨음을 결코 잊어서는 안 됩니다. 어쩌면 미래에 올 999명의 부처님들도 같은 선택을 할지도 모릅니다. 이러한 이유로 더럽고 먼지가 날리고 혼란스러운 북인도가 티끌 하나 없는 스위스보다 훨씬 더 성스럽게 여겨지는 것입니다.

불교의 성지는 비단 석가모니 부처님과 관련된 곳(탄생지, 깨달음을 얻은 곳, 가르침을 펼치신 곳, 열반에 드신 곳)만은 아닙니다. 많은 여러 성지들이 다른 부처님들, 제자들, 아라한들과 보살들과 강한 연관성을 가지고 있죠. 불교의 황금시기에 위대한 스승들은 인도는 말할 것도 없고, 투르키스탄, 아프가니스탄, 파키스탄, 인도네시아, 중국, 티벳, 네팔 등 아시아 전역에서 가르침을 펼쳤습니다. 비록 세기를 거쳐 몇몇 국가들은 불법과의 인연이 끊어졌지만 여전히 불교 성지들을 방문할 수는 있습니다. 그러나 많은 곳들은 거의 알아볼 수 없게 되었고 종종 정치적으로 불안정하고 극도로 위험한 지역도 있으니 이는 매우 슬픈 일입니다.

밀교는 전 세계에 56개의 놀라운 성지와 법당에 대해 묘사합니다.[2] 또한 샴발라 왕국처럼 지리적인 위치에 국한되지 않은 다양한 숨겨진 성지에 대해 말합니다. 이 숨겨진 성지는 과거의 위대한 밀교의 성취자들에 의해 발견되었고 그 후에 일생을 바쳐 수행을 위해 헌신한 사람들이 사는 장소가 되었죠. 역사적으로 열성적인 불교 수행자들이 숨겨진 땅으로 옮기기 위해 그들의 집, 가족, 직업, 그리고 모든 세간의 재산을 포기하는 것은 드문 일이 아니었습니다. 일부는 시킴의 따시 딩과 중국과 인도의 접경지역의 빼마 꾀처럼 유명해졌습니다.

오랜 시간 동안 북인도와 히말라야 지역 고대의 성지들은 불보살님들에 의해 계속해서 축복을 받아 왔고. 수백만 명의 순례자들이 그곳을 방문하기 위해 극도의 고난을 겪은 곳입니다. 이것이 인도의 성지를 활기차게 살아나게 하고, 심오하게 영향을 주며, 지금까지 혼란스럽고 무질서하게 만드는 것입니다. 어떤 사람이나 조직도 그들을 통제하려 하지 않았고 '성지 체험' 프로그램을 짜지 않았으며 심각한 기업형 착취도 없었습니다. 바라나시와 같은 곳은 '디즈니랜드'의 어떠한 정신적 흔적이 없으며, 아직까지도 갠지스 강가에 앉아 타들어 가는 시체의 고약한 냄새와 마음을 사로잡는 베다 경전을 읽는 소리를 들으며 화장 의식을 지켜볼 수 있습니다. 마치 3천 년 동안 아무것도 변하지 않은 것처럼.

일반적으로 말해서 우리의 환경은 우리 주변에서 일어나는 일에 대해 생각하고 인식하는 방법에 영향을 미칩니다. 석가모니 부처님께서 선택할 수 있었던 수십억 개의 행성들 중에서 지구를 선택했고, 그가 태어날 수 있었던 이 세계의 많은 나라들 중에서 고대 인도를 선택했고, 그가 깨달았을 수 있었던 모든 장소들 중에서 인도의 비하르 주를 선택했다는 것을 기억할 필요가 있습니다.

언뜻 보기에 비하르 주는 고요하거나 영적인 인상을 주지 못하고 그 반대의 인상을 줍니다. 그러나 보드가야에 도착한 순간, 특히 사원 내부의 원 안에 들어서면, 즉시 이곳이 매우 특별한 장소라는 것을 알게 됩니다. 여러분들은 느낄 수 있을 것입니다. 영축산 또한 마찬가지입니다. 이곳은 너무도 작아서 열 걸음 안에 지나갈 수 있습니다. 부동산 개발업자의 눈을 통해 본 영축산은 사막 한가운데 있는 산일 뿐이죠. 그러나 부처님께서는 수백 명의 승려, 아라한과 보살들에게 중요한 가르침을 주려 선택한 곳이 바로 영축산입니다.

부처님의 열반유훈涅槃遺訓

부처님께서 반열반般涅槃에 드시기 바로 전, 가까운 그의 제자들은 이렇게 물었습니다.

"세존이시여, 불자로서 다른 이에게 세존에 대해 어떻게 설명해야 하겠습니까? 세존에 대해 무어라 말해야 합니까?"

이에 부처님께선 그의 제자들과 헤아릴 수 없는 유정들에게 이익이 되는 위대한 조언으로 답하셨습니다. 그리고 이것은 그분의 말씀을 느슨하게 번역한 것입니다.

싯다르타는 범부로서 이 지구상에 왔었다고 세상에 말해야 한다.

그는 깨달음을 성취했고 깨달음으로 가는 길을 가르쳤다고 말하라.

그리고 그는 불멸하지 않고 반열반에 들었다고 하라.

다시 말해, 부처님께서는 다음 네 가지 사항을 말씀하셨습니다.

- 비록 유정들은 허물이 있고 그럼으로 범부이지만, 모두에게 불성이 있다.
- 허물은 우리가 아니다. 우리의 번뇌와 조건은 우리의 본성이 아니고 그러므로 제거할 수 있다. 이는 우리 모두 부처가 될 수 있음을 의미한다.
- 허물을 제거하고 구경보리를 성취하는 방법을 알려 주는 길이 존재한다.
- 이 길을 따름으로 우리는 모든 극단에서 자유로움을 얻게 된다.

부처님의 가르침은 단순하게 진언을 염송하는 것에서부터 매우 정교한 수행에 이르기까지 이 네 가지 유훈을 기억하도록 돕기 위해 특별히 고안된 여러 가지 방편을 제공합니다. 사실, 불교 수행의 중추는 우리가 그 가르침을 기억하고 실천하는 데 도움이 되는 방편들로 이루어져 있습니다. 그러한 방편 중 하나가 순례를 하는 것입니다.

불자로서 우리는 최고의 스승인 석가모니 부처님께 귀의하여, 그의 가르침을 따르기 위해 최선을 다해야 합니다. 그래서 우리에게 가장 중요한 성지는 부처님께서 가르침을 펼치시고 요익중생을 하신 곳이죠. 우리는 모든 불교 성지를 순례하기를 발원해야 하지만, 전통적으로 다음 네 곳이 가장 중요합니다.

- **룸비니** 싯다르타께서 인도환생하신 곳.

- **보드가야** 싯다르타께서 깨달으신 곳.

- **바라나시**(사르나트) 부처님께서 법륜을 굴리신 곳.

- **쿠시나가르** 부처님께서 반열반에 드신 곳.

성지순례에서 가장 중요한 것은 단지 성인의 탄생지를 방문하거나 무언가 특별한 일이 일어났던 땅을 바라보는 것이 아닙니다. 우리가 부처님의 모든 가르침을 기억할 수 있는 것이 중요합니다. 순례는 이를 도와주며, 그 진수는 열반에 드시기 전에 말씀하셨던 네 가지 유훈에서 찾을 수 있습니다.

불자로서 부처님을 떠올리는 수행은 우리들의 스승에 대해 공상을 하는 기회를 갖는 것이 아닙니다. 부처님을 떠올리는 것은 그의 모든 가르침에 대해 생각하는 것입니다. 부처님은 그저 단순한 스승이 아니라 부처님 자체가 가르침이기 때문입니다. 이 때문에 태국, 티벳, 미얀마 같은 많은 불교 국가들이 인도의 성지를 따라 사원의 이름을 지었고 심지어 보드가야의 사원들과 많은 유명한 불단과 상징을 모방하여 만들었습니다.

인도환생한 싯다르타

■ 비록 유정들은 허물이 있고 그럼으로 범부이지만, 모두에게 불성이 있다.

이 유훈은 대승불교 철학의 중심에 자리 잡고 있는 불성이라는 불교의 핵심을 포함하고 있습니다. 싯다르타가 우리처럼 일반인으로 태어났다는 것은, 부처님께서는 결코 근원적으로 완벽한 신이나 전능한 창조주가 아니었다는 점을 명백하게 보여줍니다.

『본생경』에서 우리에게 보살로서 부처님께서 많은 생 동안 예를 들어 새, 거북이, 물고기 등의 여러 다른 모습의 유정으로 태어났었음을 보여주고, 그 각각의 생 동안 우리와 같은 번뇌와 고통을 겪었음을 알 수 있습니다. 우리와 같은 범부였던 싯다르타는 상상할 수 없을 만큼의 영적인 고통과 물리적인 어려움을 포함한 다양한 수행을 했고 마침내 진리를 발견했습니다.

그의 첫 번째 유훈에서, 부처님께선 절대적으로 모든 이들에게 불성이 있어 자신이 깨달음을 각성했던 것과 같은 잠재력이 있다고 했습니다. 우리가 그분과 똑같이 되기 위해 해야 할 일은 올바른 수행을 하는 것입니다. 비록 우리가 자신의 어리석음과 무지에 휘둘리고, 정기적으로

'악행'을 하며 바보 같고 끔찍한 일들에 절망하고, 우리의 악행이 너무도 무겁고 헤아릴 수 없어 아무것도 할 수 없을지라도, 진실은 우리의 모든 허물이 제거될 수 있다는 것입니다.

부처님께선 한결 더 중요한 내용을 말씀하셨습니다. 깨달은 존재는 전지와 전능을 포함한 모든 고귀한 공덕을 구현합니다. 그러므로 우리 중 누구도 전지하거나 전능하지 않으니 우리는 깨닫지 않은 것이 분명합니다. 아침으로 무엇을 먹었는지조차 기억 못하는데 어떻게 우리가 전지할 수 있겠습니까? 우리의 많은 문제들 중 단 하나도 바로잡지 못한다면 우리는 단연코 전능하지 않습니다. 계속해서 자라는 분노, 질투, 아만의 끝없는 흐름을 다루는 치명적인 무능력에 대해선 언급할 필요조차 없습니다. 우리가 이 사실을 인식할 때 깨달음을 얻을 수 있는 가능성이 훨씬 더 멀어지는 것을 알게 됩니다. 우리 중 많은 이들은 "어떻게 이 땅에서 부처가 될 수 있을까?"라며 궁금해 합니다. 이는 그저 절대적으로 믿기지 않는 '임무 불가능'을 숙고하는 것이죠.

어차피 우리는 무시이래로 악했습니다. 우리는 언제나 더럽고, 불경스럽고, '죄가 가득하고' 부처가 되기엔 너무도 평범합니다. 그러나 전지와 전능하신 부처님께선 우리를 평범하게 하는 모든 것을 제거 가능하다고 했습니다.

그러니 부처님의 첫 번째 유훈의 핵심은, 싯다르타는 우리와 같은 문제와 번뇌를 지녔던 범부였지만 그 모든 것들을 근절하고 결과적으로 전혀 평범하지 않게 되었다는 점입니다.

깨달음을 얻은 싯다르타

■ 허물은 우리가 아니다. 우리의 번뇌와 조건은 우리의 본성이 아니고 그러므로 제거할 수 있다. 이는 우리 모두 부처가 될 수 있음을 의미한다.

이 유훈에서, 부처님께선 모든 이의 신경증과 문제들, 즉 '허물'을 없앰으로써 누구든 깨달음을 성취할 수 있다고 했습니다. 만약 깨달음이란 목표가 달성 가능하지 않고 허물을 제거할 수 없다면, 우리가 따라가려고 하는 수행의 길 자체가 속임수이고 그러므로 전적으로 무의미합니다.

참깨에서 기름을 추출한다고 상상해 봅시다. 왜 기름을 추출하려고 하는가요? 참깨 안에 기름이 있다는 것을 알기 때문입니다. 다른 말로 하자면 씨앗에 기름이 들어 있다는 사실 때문에 추출하기 위해 애쓰는 것입니다. 만약 씨앗에 기름이 없다면, 추출하려 애쓰는 에너지는 시간 낭비일 뿐입니다.

이 경우, 참깨는 수행자를 나타내고 기름은 부처님의 공덕을 나타냅니다. 만약 여러분들이 참깨를 가지고 있다면, 부처님의 깨달음의 공덕을 함께 가지고 있는 것입니다. 이것이 부처님께서 깨달음을 성취하기 위해 그의 모든 허물을 제거할 수 있는 길을 찾았다는 부처님의 유훈이 너무도 중요합니다.

우리가 참깨를 볼 때 깨 자체를 보는 것이지 그 안에 기름이 들어 있는 것을 보는 게 아니지만, 기름이 추출될 조건이 갖추어지면 참기름을 얻을 수 있다는 것을 압니다. 이것이 정견입니다. 정견은 결코 실망시키지 않습니다. 반면에 기름이 나올 것이라는 믿음으로 돌을 쪼아 대는 것은 실망만 초래할 수 있습니다.

우리가 해야 할 일은 우리의 본성이 부처님의 본성과 같은 잠재력을 가지고 있다는 사실에 확신을 기르는 것과 그 잠재력을 성숙시키기 위해 싯다르타의 예를 따르고 올바른 방편을 적용해야 한다는 것입니다.

부처님의 가르침

■ 허물을 제거하고 구경보리를 성취하는 방법을 알려 주는 길이 존재

한다.

우리는 이제 우리 모두가 스스로를 얼마나 나쁘다고 생각하든지 부처가 될 잠재력이 있음을 알고 있습니다. 또한 우리와 같은 인도의 왕자 '싯다르타'가 그 잠재력을 온전히 개발했다는 것도 알고 있습니다. 그렇게 함으로써 싯다르타는 우리의 불성佛性을 발견하고 드러내는 것이 가능하다는 것을 보여주었습니다. 만약 깨달음으로 가는 길이 없었다면, 만약 석가모니 부처님께서 오직 깨달음을 성취한 단 한 분이라면, 남은 우리에겐 전적으로 희망은 없을 것이고 그의 네 가지 유훈 중 처음 두 가지는 공허한 메아리에 지나지 않을 것 입니다. 그러나 깨달음을 얻은 부처님께서는 그의 대자대비심으로 깨달음을 성취하기 위한 다양한 방편의 선택에 관심이 있는 이들을 위해 깨달음에 이르는 길을 설하셨습니다.

부처님께선 결코 자신의 가르침에 독단적이지 않았고 자신의 제안을 따르라고 강요하지 않았습니다. 대신 그는 언제나 자신이 가르친 모든 단어들을 분석하고 그의 방법이 도움이 되는지를 생각하여 스스로 규명할 것을 권고했습니다. 만약 무언가가 이해되지 않는다면 시도하지 말아야 한다고 했습니다.

부처님의 입멸入滅

■ 이 길을 따름으로 우리는 모든 극단에서 자유로움을 얻게 된다.

부처님의 마지막 유훈은 깨달음을 얻어서 불멸의 구세주나 영원하고 진실로 존재하는 신이 된 것이 아니며, 심판의 날에 우리를 심판하기 위해 돌아오는 것이 아니며, 등燈과 향의 공양물을 기뻐하거나 음미하는 그런 존재가 아니라는 것을 말해 줍니다. 부처님께 뇌물을 드릴 수 없습니다. 어떤 아첨도 그의 판단에 영향을 미칠 수 없습니다. 그의 연민은 보상이나 형벌의 형태로 나타나지 않습니다. 그리고 부처님께선 절대로 절대로 절멸될 수 없습니다. 엄밀히 말하자면, 세간적 의미에서 '불멸'이 아니지만 그렇다고 더 이상 존재하지 않는 것도 아닙니다. 부처가 되어 반열반에 이르는 것은 시간, 공간 그리고 '부처'라는 개념조차 포함한 모든 것을 넘어서는 것입니다. 황금빛 피부에 32상 80종호가 있고, 맨발에 발우를 들고 제자들에게 법을 설하는 상징적인 부처님은 상대적인 나툼입니다. 부처님께서 입멸入滅하셨을 때 모든 성별, 시간, 공간이란 개념을 넘어 '궁극'의 부처가 되셨습니다.

불교 4대 성지를 순례할 때, 부처님의 마지막 가르침인 이 네 가지 유훈을 기억하세요.

룸비니

알아 두세요! 많은 불교 성지들은 매우 열악하고 낙후된 지역에 있습니다. 오늘날 네팔 룸비니의 생활환경에 놀라지 마세요. 프랑스 알프스의 고급 호텔에서 볼 수 있는 것과는 전혀 다릅니다.

처음 룸비니에 도착하면 이곳이 싯다르타의 탄생지라는 것을 기억하세요. 이곳은 고통스러운 인간의 실상, 특히 생로병사에 의해 궁지에 몰린 자신을 발견한 곳이기도 합니다. 룸비니는 싯다르타의 출생지이긴 하지만, 어떤 면에서 보자면 그것이 룸비니를 방문하는 가장 중요한 이유는 아닙니다.

더 중요한 것은, 룸비니는 싯다르타의 마음에서 진정한 출리심出離心이 탄생한 곳이고 그 결과 자신의 오래된 삶을 뒤로하고 궁전을 몰래 빠져나와 재산을 포기했으며, 부인과 어린 아들을 포함한 가족을 버렸다는 것입니다. 어떤 이들에게 싯다르타의 행동은 터무니없을 뿐만 아니라 비겁해 보이기까지 합니다. 진리를 찾는 이들에게는 그의 놀라운 용기, 두려움 없는 대담함에 온전히 감사할 것입니다. 이 모든 것이 룸비니에서 태어났습니다.

만약 여러분의 오랜 네팔 여행이 영적인 염원에 의해 동기가 부여되었다면, 사진을 찍고 지역의 성물과 이미지에 대한 인류학적 관심을 보이는 것이 여러분을 만족시키지 못할 것입니다. 여러분은 자신의 허물을 줄이고 자량과 지혜의 저장고를 보강할 기회를 잡음으로써 여러분의 방문을 최대한 활용하기를 원할 것입니다.

룸비니에서 무엇을 할까

룸비니에서 늘 해야 하는 특정한 수행은 없습니다. 부처님을 따르는 사람으로서 가장 좋은 일은 최대한 그분을 모방하는 것입니다.

■ 그가 그랬던 것처럼 늙고 병들고 죽음에 감사하기를 발원합니다.
■ 삶과 죽음을 넘어서기 위해 무엇이든지 할 수 있는 똑같은 용기를 불러일으킵니다.
■ 윤회계의 삶에 대한 출리심의 깊은 의미가 영적인 길에 들어서게 하는 열쇠입니다. 그러니 여러분 안에서 출리심이 자라도록 발원하여 영원히 이 윤회계에 얽매이지 않도록 하십시오.

■ 부처님의 마지막 화신은 평범한 인간인 싯다르타 왕자였습니다. 그러므로 더 이상 병 속에 갇힌 벌처럼 계속되는 순환의 윤회계를 견디지 않아도 되도록, 이번 생이 마지막 생이길 발원하세요.

■ 여러분이나 내가 극히 평범하게 보여도 우리 모두에게 불성이 있다는 것을 언제나 기억하십시오.

보드가야

보드가야는 실제로 판자촌에 지나지 않습니다. 처음에 방문객들은 그곳의 먼지, 더러움, 거지와 가난을 보고 당황해 하며 충격을 받습니다. 하지만 최근 몇 년 동안 (불행하게도) 상황이 서서히 개선되고 있습니다.

일단 그 정신없고 혼란스러운 곳에서 빠져나와 마하보디 사원 안으로 들어서면 갑자기 분위기가 전환되면서 마치 꿈같은 황홀경에 빠지게 됩니다. 이곳에서 여러분들은 몇 년 동안 진리를 찾고 니란자나Niranjana 강가[3]에서 6년간의 고행 끝에 싯다르타가 보리수나무 아래 앉아 중도를 발견했던 그 금강좌金剛座를 보게 될 것입니다. 여기서 싯다르타는 깨달음을 얻었습니다.

싯다르타가 실제 앉았던 그 나무는 수세기 전 훼손되었습니다. 다행히 그 나무의 씨앗이 스리랑카에 옮겨져 뿌리를 내렸고, 그 나무는 다시 인도로 돌아와 원래 있었던 곳에 심어졌습니다. (이 모든 것이 어떻게 일어났는지에 대한 멋진 이야기들이 많습니다.)

이 보리수나무는 깨달음의 상징임으로 불자들에게 중요합니다. 다른 종류의 나무들, 시원한 동굴들 그리고 성스러운 사원들이 보드가야를 둘러싸고 있었음에도 불구하고, 싯다르타는 보리수나무 그늘에 앉는 것을 선택했습니다. 그는 자신의 마지막 허물을 부수고 깨달음을 얻어 삼계三界[4]의 각자覺者가 된 곳이 바로 보리수나무 아래입니다.

현겁의 천 부처님들이 모두 같은 자리에서 깨달음을 얻을 것이라고 알려져 있습니다. 보리수나무에 존경심을 표하는 것은 나무의 정령들을 숭배하는 무속 신앙과 아무런 관련이 없습니다. 도리어 이 나뭇가지 아래에서 일어난 경이로운 일을 인정하여 나무를 공경하는 것입니다.

보드가야는 단지 모든 부처님들이 깨달음을 얻을 곳이기 때문에 특별하지만은 않습니다. 밀교에 따르면 이 세상의 모든 것, 즉 우리 외부에 존재하는 모든 현상은 우리 몸 안에 상응하는 지점을 가지고 있다고 합니다. 이는 수승한 수행자들이 그들 몸 안에 있는 맥륜과 기맥에 상응하는 지점을 통하여 성지를 방문할 수 있다는 의미입니다. 이것이 그들이 깨달음으로 나아가는 길입니다. 그러나 이 수행자들처럼 진전되지 않은 우리들은 적어도 이 내부 성지의 외부의 반영인 장소를 방문하려 노력할 수 있습니다. 그 중심부는 보드가야라고 전해집니다.

마하보디 사원의 불상

불행하게도 현재 우리가 인도라고 부르는 곳에 살았던 고대인들은 배운 내용을 외우는 것을 높이 사서 어떤 것도 기록을 남기는 것을 권장하지 않았던 것으로 보입니다. 따라서 마하보디 사원 안의 불상의 역사는 불분명합니다. 오늘날까지 누가 만들었고 누가 사원에 시주했는지에 대해 많은 이야기들이 전해집니다.

이 이야기들 중 하나는 아주 어렸을 때 부처님을 만난 한 노파에 대한 이야기입니다. 그녀의 아들은 성공한 상인입니다. 어느 날 그는 어머니에게 그가 다음 번 출장에서 무엇을 드리면 좋겠냐고 물었습니다. 무엇이 어머니를 행복하게 해줄까요?

"부처님을 진짜로 닮은 불상이면 좋겠구나. 정말 그분이 그립구나"라고 어머니는 답했습니다. 아들은 인도에서 가장 유명한 장인인 비슈와까르마에게 어머니께 드릴 불상을 조각해 달라고 부탁했습니다. 비슈와까르마는 그의 의뢰에 영감을 받아 세 개의 불상을 만들었고, 아들은 현재 마하보디 사원에 있는 불상을 선택했습니다. 전설에 따르면 어머니는 처음 불상을 보았을 때 경이로움에 사로잡혀 이렇게 말했습니다. "광배光背도 없고 말도 못하지만, 그것을 제외하면 이 불상은 정말 부처님과 닮았구나."

비슈와까르마가 만든 다른 불상 중 하나는 열두 살 소년의 모습인데 중국 황제에게 바쳐졌습니다. 그의 딸이 티벳 왕과 결혼할 때 지참금에 이 불상을 포함시켰죠. 오늘날 조오 린포체로 알려진 이 불상은 꽁뽀의 벤에게 말을 했던 불상이며 라싸의 조캉 사원에서 볼 수 있습니다.

마하보디 사원엔 여러 개의 매우 성스럽고 아름다운 불상들이 있는데, 여기에는 수 세대에 걸쳐 위대한 수행자들과 심오한 대화를 나누었다고 전해지는 문수사리와 관세음보살이 포함되어 있습니다.

이 성지에서의 시간을 최대한 활용하길 바랍니다!

보드가야에서 무엇을 할까

- 보리수나무 아래에서 명상하기: 비록 짧은 시간이더라도 여러분들 마음의 오염을 정화하고 지혜와 자량을 증장하는 데 도움이 됩니다.
- 계속해서 불법승佛法僧 삼보三寶를 떠올리세요.

■ 기도문을 염송하고, 찬탄하고 경전을 독송함으로써 마음 안에서 불법승 삼보의 현존을 구체화하고 가능한 많이 보시하시길 바랍니다.

■ 발원은 초심자들에게 매우 중요한 수행이지만, 건강과 번영 같은 세속적 소망을 기원하는 대신 부처님께서 앉으셨던 바로 그 자리에 앉아서 그분이 성취했던 것을 성취하기를 발원하세요.

■ 기억하세요! 아무리 우리의 마음과 감정이 거칠더라도, 그것들은 제거할 수 있다는 것을.

영축산과 나란다 대학

영축산과 나란다 대학 성지는 보드가야에서 멀지 않습니다. 가능하다면 방문해 보세요. 영축산은 대승 수행자들에게 더욱 의미가 깊은 곳입니다. 단지 무수한 존재들의 불안을 달래 준 것만이 아닌 실제로 많은 이들을 해방시켰던 『반야바라밀다』가 설해진 곳이기 때문입니다.

안타깝게도 나란다 대학의 모든 것이 남아 있지 않고 폐허가 되었습니다. 나란다는 서력기원에서 제일 첫 번째 교육 중심지였고, 가장 위대한 곳 가운데 하나였습니다. 대승을 공부하는 이들에게 매우 의미 있는 순례지입니다. 한국, 일본, 중국, 티벳에서 여전히 연구하고 수행하고 있는 대부분의 불교 가르침은 원래 이 대학의 교수들과 학생들이 종잇조각에 적었던 내용입니다. 영국의 케임브리지 대학과 미국의 컬럼비아 대학이 과학자와 작가, 그리고 대통령과 부유한 사업가들에 이르기까지 유명한 동문들을 자랑할 수 있는 것과 같은 방법으로, 나란다는 엄청난 수의 특출한 영적 천재를 배출했습니다.

나로빠와 나가르주나 그리고 학자이자 보살로 『입보리행론』을 저술한 인도의 위대한 스승인 샨티데바 역시 나란다에서 공부했습니다. 전 세계 수백만 명의 사람들의 행복에 대한 그들의 공헌은 비할 데가 없습니다.

사르나트

한때 바라나시는 유명하고 세계적인 도시였습니다. 오늘날까지 바라나시로 알려진 베나레스는 위대한 배움의 중심지로 존경을 받고 있죠. '녹야원'으로 알려진 사르나트는 바라나시에서 꽤 가깝고 부처님께서 보리수 아래에서 발견했던 모든 것을 처음 가르쳐 주신 장소라 중요합니다.

그 첫 번째 가르침은 무엇이었습니까? 우리 중 누구도 진정한 고통이 무엇인지 알지 못하고 우리를 행복하게 만들어 줄 것이라 생각하는 모든 것은, 우리를 고통의 가장 자리에서 흔들거리게 하거나 즉각적인 고통을 가져다줍니다. 분명한 고통을 인식하는 것은 상대적으로 쉽지만, 윤회계에서 즐기는 것처럼 보이는 소위 좋은 시간이 실제로는 고통이라는 것, 혹은 그 '좋은 시간'이 종종 고통을 일으킨다는 것을 인식하는 것은 훨씬 더 어렵습니다.

부처는 대중적인 통념과는 달리 고통이 외부적 원인에 있지 않고 우리 자신의 번뇌의 산물이라고 지적했습니다. 우리가 얼마나 많이 고통스럽고 고통과 그 원인을 사실처럼 느끼더라도, 이는 사실 환영이고 본질적으로 존재하지 않는다고 분명히 했습니다. 이 진리는 우리가 완전히 스스로 깨달을 수 있다고 부처님께서 말씀하셨습니다. 그리고 그는 이를 어떻게 해야 하는지 정확히 보여주는 깨달음의 길을 제시하면서 그의 주장을 뒷받침했습니다.

대승에 따르면, 부처님의 초전법륜은 사르나트에서의 '사성제'였고, 그 후 수많은 다른 가르침을 계속해서 설하셨습니다.

사르나트에서는 무엇을 할까

- 기억하기: 이곳은 부처님께서 우리와 같은 사람들에게 깨달음으로

가는 길을 처음으로 보여주신 곳입니다. 그 길에 대해 숙고하고 진심으로 감사하세요.

■ 삼보에 예경하세요. 성지에서 예경하는 것은 언제나 좋은 일이지만, 특히 사르나트에서 가르침에 예경하는 것은 더욱 의미가 깊고 강렬합니다. 어떻게 가르침에 예경을 올리면 좋을까요? 가르침을 떠올리면 됩니다. 고성제苦聖諦를 떠올리거나 '모든 합성된 것은 무상하다'에 대해 생각하면 좋습니다.

■ 경전이나 논서 그리고 위대한 성취자들의 전기문을 읽으세요.

■ 윤회계를 넘어서고 모든 번뇌를 제거하는 힘이 있는 부처님의 깨달음의 길이 실제로 가능하다는 것을 기억하세요.

고성제와 같은 부처님의 가르침을 떠올림으로써 여러분들은 가르침과 그 장소에 모두 연결될 수 있습니다. 물론 방대한 부처님의 모든 가르침을 떠올리는 것을 불가능합니다. 그러니 그중 하나를 떠올리고 그 의미에 대해 숙고하세요. 작은 만灣에서 수영하는 것이나 해안을 따라 수영하는 것이 모두 바다에서의 수영으로 간주되는 것과 같은 방식으로, 하나의 가르침을 떠올리는 것은 부처님께서 주신 수많은 가르침들을 떠올리는 것으로 간주됩니다.

쿠시나가르

쿠시나가르는 부처님께서 반열반에 드신 곳입니다. 그곳에서 반열반에 드셨고 다비식을 했다고도 전해집니다. 부처님의 모든 가르침 중 그의 멸도는 우리 마음에 가장 큰 영향을 미치는데, 이는 우리가 가진 생로병사, 시간, 생성소멸, 윤회와 열반이란 개념을 초월했기 때문입니다. 입멸했고 이원론적 현상에 묶여 있지 않는 분들과는 달리 아직 본성을 깨우치지 못한 우리들은 여전히 시간, 공간, 질량과 속도에 얽매입니다.

궁극적으로 수행의 길을 따르는 우리의 목적은 깨달은 상태를 체험하고, 무지로부터 자유롭고 다시는 마음의 윤회계적인 틀에 돌아가지 않는 것입니다. 불행하게도 이 상태는 말로 표현하기가 극도로 어렵고 지적으로 완전히 이해하는 것이 불가능합니다. 그럼에도 불구하고 깨어나는 방법에 대한 부처님의 조언을 수행함으로써 비록 타인에게 이 체험을 설명할 수는 없지만, 이원론을 완전히 초월한 마음의 깨어난 상태의 체험에 어느 정도의 확신을 개발할 수 있습니다. 이는 마치 소금을 맛보지 못한 이에게 그 맛을 설명하는 것과 같습니다. 여러분이 할 수 있는 것은 소금의 맛과 가장 비슷한 음식의 이름과 함께 "소금은 이 맛과 비슷해"라고 말해 주는 것입니다. 여러분이 마침내 이 상태의 단순함을 깨달을 때, 아직도 잠들어 있고 세속적인 존재의 악몽의 고통에 시달리는 사람들에 대해 엄청난 연민이 마음에서 일어날 것입니다.

우리 중 누구도 지금 바로 깨달은 상태를 성취할 수는 없지만, 진지한 수행자들이 그것을 일별-瞥했을 때 힘을 얻게 되고, 그 일별은 수행에 대한 확신을 높이는 데 도움이 됩니다. 수행의 길은 길고 위험하며 의심과 낙담으로 괴롭기에 우리를 일상의 삶 밖으로 데려가는 체험은 고무적입니다. 실상의 본성에 대한 일별은 세간적 마음의 흐름에 영구적인 흠집을 내는 힘이 있습니다. 적어도 이는 본 행사를 시작하기 전 환영 애피타이저 역할과 같습니다. 한번 흠집을 만들었다면, 윤회의 삶의 구조에 훨씬 더 심각한 손상을 입힐 수 있습니다. 아주 작은 흠집이나 균열도 헌신적인 수행자가 바라는 결과입니다.

여러분이 빙하 기슭에 있는 아름다운 호수 근처에서 소풍을 간다고 상상해 보세요. 아주 열정적으로 호수에 뛰어들어 해변가에서 멀리 헤엄쳐 갑니다. 그런데 갑자기 물이 너무 차가워서 수영을 멈추고 주위를 살폈는데 생각보다 멀리 와서 기슭을 볼 수 없습니다. 갑자기 다리는 경련을 일으키고 팔은 추위로 인하여 뻣뻣하고 저립니다. 몇 초가 몇 시간처럼 느껴지고 마음속에서 이러다가 몇 분 후에 얼어서 죽거나 익사할 거라 생각합니다.

이제 내가 죽는구나 하는 순간, 지역의 어부가 물에서 구조해서 육지로 데려다줍니다. 친절한 친구들이 따뜻한 담요로 감싸 주었고 뜨거운 수프도 주었죠. 여러분이 회복하게 되면 가족, 집, 동반자 등과 같이 거의 잃어버릴 뻔했던 모든 것들이 인생의 다른 어느 때보다 더 의미 있게 와닿습니다. 아무리 재산이 많더라도 죽음은 갑자기 닥칠 수 있고 결단코 뇌물을 받지 않는다는 것을 강하게 깨닫습니다. 하지만 안타깝게도 그 충격은 비교적 빨리 사라지고 여러분은 곧 물질세계의 행복의 유혹에 다시 빠져 버리고 맙니다.

쿠시나가르에서는 무엇을 할까

불교 수행자의 목표는 깨달은 상태를 일별하는 것입니다. 순례를 가고 성지의 거룩한 분위기에 몸을 담그고 다른 순례자들과 어울리는 것은 또 다른 일별을 이루기 위한 다른 방법입니다. 그러니 쿠시나가르에서는 다른 성지에서 하는 모든 일을 하되, 가장 중요한 것은 다음과 같습니다.

- 무상에 관한 부처님의 유훈을 숙고하기.

■ 네 가지 극단*에서 벗어남 혹은 공성에 대해 명상할 수 있다면, 여기에서 하시길 바랍니다.

---

* 1. 현상이 존재한다. 2. 현상이 존재하지 않는다. 3. 현상이 존재하면서 존재하지 않는다. 4. 현상이 존재하지 않고 존재하지 않는 것도 아니다.

2. 순례

영적인 가치

인도와 네팔 여행은 그 자체로 순례입니다. 티벳인들은 인도를 '숭고한 땅 혹은 고귀한 땅'이라 부르죠. 저는 인도가 아마도 세계에서 가장 영적인 것에 관심을 기울이는 나라라고 해도 과언이 아니라고 생각합니다. 표면적으로 현대인의 눈에 인도는 혼란스럽고, 비논리적이며 비효율적으로 보입니다. 실질적인 면에서 제대로 작동하는 것이 없고, 파업과 시위가 비일비재하고, 인도의 유쾌한 무능력은 선진국 사람들을 웃게 만듭니다. 이른바 '제1세계'에 사는 사람들은 인도의 비효율성이 게으름, 어리석음, 실용적인 상식의 결여 그리고 무엇보다도 절대적으로 경쟁심이 전혀 없기 때문이라고 믿습니다. 그러나 좀 더 영적인 관점에서 보자면, 소들이 도살당하거나 먹힐 염려 없이 자유롭게 다닐 수 있을 뿐 아니라, 더러운 것에 당황하지 않고, 인도의 고급 식당에서 살이 찐 쥐를 외면하는 문화가 반드시 '비효율적'인 것은 아닙니다.

모든 수행의 길, 특히 동양에서 유래된 길들은 현생보다는 내생에 더 비중을 둡니다. 진정한 수행자의 의제에 이생의 중요성에 대한 믿음은 나타나지 않습니다. 진정한 철학, 영성의 길, 종교는 비이원과 환영을 이해하도록 도움으로 구도자의 지혜를 기르는 것을 돕습니다. 최소한 볼 수 있고 만질 수 있기에 견고하다 생각하다 모든 것이 실존하고 논리적이라는 습관적인 인식에 흠집을 내려고 노력해야 합니다. 또한 모든 활동은 손익으로 결론이 나고 돈은 신이며, 충분한 은행잔고와 풍족한 자산이 이 삶의 모든 것이자 끝이라는 생각 – 많은 아시아 국가들에서 이렇게 아이들을 가르치고 있는데 – 이러한 생각이 그릇된 것임을 잘 드러나게 해줄 것입니다.

인도의 기술과 서비스 분야가 발달하여 세계에서 가장 빠른 경제성장이 있다 하더라도, 인도가 세계에서 가장 위대한 비이원의 성취자들을 배출했다는 것과 역사적으로 영적인 영향의 많은 흔적이 여전히 명백하다는 것을 결코 잊어서는 안 됩니다. 인도의 위대한 아들과 딸들은 도덕, 수행, 의식과 의례의 특별한 체계를 발견하고 개발했습니다. 인도에서 태어난 '공성'과 '연기' 같은 개념들뿐 아니라, '모든 현상은 환영이다'라는 지식은 수천 년 동안 전국에서 소중히 여겨졌습니다. 영적인 관점에서 보자면, 심지어 싯다르타 왕자가 통치하기 위해 태어난 왕국도 환영입니다. 싯다르타는 이를 깨닫고, 당시에 많은 다른 왕자들처럼 궁에서 나와 모든 인간관계를 뒤로하고 자신이 태어났던 친숙하고 편안한 장소에서 벗어나 구도에 집중했습니다.

티끌 한 점 없는 자동차 전용도로를 이용하는 사람들에게, 인도의 국도 한가운데를 떠도는 소의 모습은 거슬릴 수도 있겠죠. 많은 인도인들에게 소는 신神의 상징입니다. 소는 모두 인도의 신들을 상기시키고 어떤 이들에겐 실제로 신입니다. 수백만 인도인들은 먹을 것이 충분하지 않지만 소들은 느긋하게 그들이 원하는 곳을 다닙니다. 심지어 가게에 들어가 에어컨을 즐기거나 낮잠을 자기도 합니다. 소들은 자신들이 도살당하거나 먹히거나 쫓겨나지 않을 거라는 확신이 있습니다. 소들이 차도를 어슬렁거릴 때 차들이 비켜 갑니다.

인도 상점 안의 황소

나는 이 사진이 맘에 듭니다. 영성의 역사를 유지하면서 현대의 혁신을 함께 품으려는 인도의 본질적인 다원성과 열망을 담고 있는 것이 재미있어 보이기 때문입니다. 내가 처음 알아차린 것은 밝고 서늘한 네온등입니다. 다음, 제 눈은 기성복을 차려 입은 진열장의 모델에게로 재빠르게 움직였죠. 어떻게 그녀를 못 본 척할 수 있겠습니까? 그리고 바닥 한중간에 평화롭게 누워 있는 황소의 특별한 광경이 눈길을 사로잡네요.

변함없는 시바신의 동반자인 황소가 시바신을 모신 곳 앞에서 느긋하게 쉬고 있는 것은 우연의 일치일까요? 상점은 보존이 잘 되어 있고, 선반은 깔끔하며, 바닥은 깨끗하게 닦여 있습니다. 그런데 앞 계단의 타일이 부서

졌네요. 오래전에 깨진 것 같습니다. 주인은 인생은 짧고 해야 할 훨씬 더 중요한 일들이 많기 때문에 이런 사소한 불완전함을 수리하지 않았습니다. (사진 제공 Clark Lu.)

인도의 하늘에 새들이 많이 날아다니지만, 아무리 배고픈 인도인들이라 할지라도, 새들을 잡아서 구워 먹을 생각은 하지 않습니다. 인도의 이런 점에 저는 항상 경이로움을 금치 못합니다. 저는 이것이 한 국가로서의 인도가 여전히 역사적·문화적 관용을 지키고 영적 가치에 따라 살아가려고 노력하는 흔적이라고 믿습니다. 아마도 이렇게 하는 나라는 인도가 마지막일 듯합니다. 많은 국가들이 이 투쟁을 오래전에 포기 했습니다.

인도의 일부 지역에서는 비채식 식당을 찾을 가능성이 거의 없습니다. 이는 인도인들이 건강 강박증에 걸렸거나 야채가 육류보다 더 저렴하기 때문이 아닙니다. 인도인들은 비폭력(아힘사)의 수행을 이어받아 동물을 죽이지 않기 때문에 채식주의자인 경우가 많습니다. 사실, 채식주의를 받아들이고 동물과 다른 생명체들을 죽이는 것을 피한 많은 나라들은 인도의 이러한 수행에 대한 가르침과 개념을 도입했습니다.

대부분의 현대인들은 싯다르타 왕자가 왕국을 버리고 수년에 걸쳐 부처가 된 이야기에 깊은 감명을 받습니다. 많은 사람들이 깨닫지 못하는 것은 그가 혼자가 아니었다는 것입니다. 예를 들어 불교뿐 아니라 자이나교와 같은 길을 따르던 많은 인도의 위대한 성인들은 비록 그들의 이웃 나라의 상대들이 권력을 잡기 위해 자신의 가족들을 살해하고 있음에도 불구하고 누가 먼저 그들의 궁전을 떠날 수 있는지 경쟁했습니다.

한 이야기에서, 인도의 어떤 왕자가 불교, 힌두교, 자이나교 이 위대한 세 가지 영적인 길에 대한 철학적 토론에 너무 몰두하여 그의 장군이 이웃 나라가 쳐들어왔다고 경고했음에도 이렇게 말했습니다. "잠깐 기다리게, 우선 이 토론을 마치고 싶군." 그러다 왕은 왕국을 잃었죠. 세간적 관점에서 보자면 왕이 바보 같아 보이지만 영적인 측면에서 보면 그는 위대한 왕입니다.

궁극적으로 영적인 가치와 세간적 가치는 완전히 모순됩니다. 우리는 이를 받아들여야만 합니다. 물질의 세계에서 '부자'라는 의미는 많은 재산이 있고, 다양한 사업을 하고, 많은 돈을 다룹니다. 반면에 영적인 세상에서의 '부자'는 완벽한 만족으로 정의합니다. 영적인 관점에서 보자면, 우리가 더 이상 부족한 것에 대한 생각으로 우리 마음을 괴롭히지 않을 때 우리는 부자입니다.

사두*들은 자신의 주머니에 백 루피 이상 넣고 다니는 사람이 거의 없는 노숙자 성자들입니다. 인도 전역에서 이들을 볼 수 있습니다. 그들은 대게 말랐고 까맣고 지저분하지만 그렇다고 그들이 무지하다거나 교육을 받지 않은 것이 아닙니다. 예를 들어 하버드 로스쿨을 졸업하고 가족을 위해 재산을 모은 다음 인도로 돌아와 영적인 삶을 추구하는 사두들을 만날 수 있습니다. 물론 사두처럼 차려입은 사기꾼들이 있습니다만, 대부분의 인도인들은 여전히 영적인 탐구자로 보이는 사람들을 존경합니다. 사기꾼이나 가짜일지라도 특히 성지에서는 공손하게 공양

---

* 인도에서 깨달음을 얻기 위해 고행을 하며 생애를 보내는 요가 행자를 사두라고 한다.

을 올립니다.

순례자에게 인도의 혼란은 진실한 눈을 뜨게 하는 힘이 되기 때문에 엄청난 축복입니다. 만약 샌프란시스코에서 로스앤젤레스까지 혹은 뮌헨에서 프랑크푸르트까지 아우토반을 달리는 순례를 한다고 상상해 보세요. 그러한 여행의 용이함과 단조로움은 인도의 3등석 기차 여행을 하거나 현지 버스를 타는 것과 같은 효과가 없습니다. 만약 모든 성지들이 뉴욕의 메트로폴리탄 미술관처럼 티끌 한 점 없이 깨끗하고 냉방이 되며, 손댈 수 없는 유리 케이스 안에 전시를 하고, 스포트라이트를 비추고 제복을 입은 경비원들을 배치한다면 어떨까요? 승려들이 수행하는 것을 본 적이 없고, 거지와 노점상들이 행인들에게 호객 행위를 하며, 파리로 뒤덮인 시체로 가득한 열린 화장터가 없거나 성스러운 소와 원숭이들이 길을 막는 것을 본 적이 없다면 어떨까요? 모든 것이 완전히 똑같은 세상에서, 각각의 독특한 장소의 특성과 정신은 완전히 없어질 것입니다. 그 손실은 헤아릴 수가 없습니다.

우리가 어디를 가든지, 우리가 만나는 장소에 대한 분위기와 성격은 우리가 만나는 사람들에 의해 만들어집니다. 그 장소의 독특한 에너지를 주입하는 것은 지역 주민들이죠. 카페는 그곳에 다니는 사람에 따라 멋있거나 싸구려가 됩니다. 그리고 60세 이상의 300명의 사람들과 두

명의 10대들의 열광은 큰 호응을 수반하지 않을 것 같습니다. 그러니 마음과 인식이 그다지 유연하지 못한 우리 같은 사람들에게는 성지가 계속되는 비단 카펫이 아니라, 집단적인 헌신과 숭배에 의해서만 강력해질 수 있다는 것은 두말할 나위가 없습니다.

지난 2,500년 동안 부처님의 가르침은 아시아 전역에 퍼졌고 불교 수행은 각각의 문화와 만나 적응했습니다. 하나의 고대 인도 불교 전통은 거의 모든 곳에서 살아남았습니다. 부처님의 형상을 불상과 탑으로 세우는 수행으로 그 내부에 사리를 채워 넣고 가피하는 것입니다.

밀승密乘에 따르면, 탑은 특정한 의식을 행하는 동안 정식으로 축성됩니다. 동시에 밀승에서는 가장 강력한 축성은 불법에 대한 진실한 신심이라고 믿습니다. 그러니 어느 성지에 가더라도, 여러분의 신심이 실은 모든 지역을 신성하게 하고, 그곳에서 여러분을 따르는 존재들을 보다 더 성스럽고 이롭게 만든다고 상상하십시오. 부처님께서는 "누구든지 나를 생각하면, 나는 그들 앞에 있다"라고 했습니다. 보드가야가 일종의 불교 디즈니랜드처럼 국가 기념물의 전문적인 행정이 수반되는 입장권과 모든 광택과 소비자 친화적인 착취로 마케팅 되었다고 상상해 보세요.

저는 가끔 교토의 아름다운 사원이 진정한 수행이 묻어나는 장소로 변하는 것이 가능한지 궁금할 때가 있습니다. 일본의 선사禪寺는 너무도 완벽하고 정돈이 잘되어 있습니다. 조명도 정교하고, 경배의 대상들은 절묘하게 우아하며 모든 것이 인도에서는 결코 찾아볼 수 없는 매끄러운 완벽함으로 한데 어우러져 있습니다. 꽃 한 송이를 꽂는 방식도 미학적으로 매우 뛰어납니다. 심지어 신발을 벗어 놓은 위치의 표시조차도 우아합니다. 사려 깊으면서 한 치의 오차도 없습니다. 수행처라기보다는 아름답게 보존된 박물관을 방문하는 것처럼 모든 것이 놀랍도록 멋집니다. 그러나 저는 가피보다는 그 심미학적인 아름다움에 더 매료되어 버렸습니다.

최근까지 중국에서의 신행 생활이 급격히 감소했습니다. 사실, 지난 세기에 중국인들은 영적인 가치와의 관계를 거의 잃었습니다. 최근에 불교에 대한 관심이 되살아난 것은 이전에 포기했던 사찰들이 다시 살아나 이제 수십만 명의 독실한 중국인들에게 정신적 보금자리를 제공하고 있습니다. 저는 그들의 신심과 발원이 새로 되살아난 성지를 거룩하게 만들고 중국의 성지순례가 의미 있게 되기를 바랍니다. 그렇지 않다면 상하이의 보타산이나 샨시의 오대산과 같은 성지들은 번쩍거리는 나이트클럽이나 5성급 호텔보다 덜 반짝이는 관광지에 불과할 것입니다.

단순히 그 자체로써 인도는 우리의 눈을 뜨게 하고 이성적인 습관을 해체합니다. 그러니 절대적으로 모든 것을 잘 살펴보는 기회를 잡으세요. 스토리텔러, 귀 청소를 해주는 사람들, 마사지하는 사람들, 구두 닦는 사람들, 길거리에서 책을 파는 사람들을 낯설다고 피하지 마세요. 그들은 뉴욕이나 시드니에서는 결코 볼 수 없었던 잘 알려지지 않은 훌륭한 책들로 여러분을 놀라게 할 것입니다. 인도의 거리는 다양한 색들과 향신료 시장의 이국적인 냄새, 웅장한 대리석 기념물과 일하는 코끼리들에서, 누워 있던 곳에서 사망하여 썩어 가는 시체들, 건선에 걸린 개들과 가슴 아픈 빈곤에 이르기까지 많은 삶의 양상의 스펙트럼을 보여줍니다. 삶과 죽음이 모두 생생하게 나타납니다. 모든 체험은 뚜렷하고 생동감 있으며, 기쁨과 아픔을 무디게 하는 마취제가 내장되어 있지 않습니다. 인도는 결코 지루할 수 없습니다.

미국, 유럽, 호주, 캐나다와 선진국의 부모들이 배짱이 두둑하다면 자녀들을 인도와 네팔의 성지에 데려갔으면 합니다. 그곳에서 아이들은 생전 처음으로 완전한 현실의 실제 상황을 직면하게 될 것입니다. 대부분의 아이들은 지나친 과보호를 받고 버릇이 없습니다. 그들은 제멋대로 하는 누에고치를 벗어난 삶에 대해 거의 알지 못합니다. 심지어 버릇이 없지 않더라도 자신들의 외모가 뚱뚱한지 말랐는지, 운동화가 멋있는지, 머리 스타일은 어떤지에 대해 신경 쓸 시간이 넘쳐납니다. 그런데 거리에 사는 수백만 명 인도의 아이들은 자유시간이 전혀 없습니다. 그들의 모든 소비의 우선 순위는 생존입니다. 많은 아이들에게 4사이즈나 더 큰 찢어진 신발도 사치입니다. 죽음의 그림자가 그들의 영원한 동반자이죠. 반면에 요즘 아이들은 죽음에 관한 영화를 보거나 비디오게임을 할 때 죽음에 대해 생각합니다.

여러분이 만약 이제 막 수행을 시작했을 경우, 듣는 가르침이나 공부하는 책에서 찾을 수 없는 영감이 필요할 수 있습니다. 인도와 네팔의 성지순례는 그런 종류의 영감을 만나는 많은 기회를 제공합니다. 예를 들어 거의 나체로 다니며 재를 바르고 평생을 수행에 바치는 힌두교의 사두들, 먼지 속에서 수천 배의 절을 하는 티벳 승려들, 걷기 명상을 하는 근본불교 승려들의 고요에서 만들어지는 평화와 부드러움, 깊은 선정에 든 일본 승려의 고요함, 수천 개의 버터 램프 공양의 아름다움, 허공에 가득 찬 영성이 깃든 음악, 보리수 아래에 부처님처럼 고요히 앉을 수 있는 기회가 있습니다. 라싸만큼 먼 곳에서 절을 하며 대륙을 건너 보드가야로 온 수행자들을 만나는 것은 드문 일이 아닙니다. 그들의 수행과 순례자들의 수행이 보드가야, 라싸, 쉐다곤과 같은 장소들에 가장 힘든 마음까지도 고무시키는 분위기와 에너지로 흠뻑 묻어 있습니다.

대부분의 현대 국가에서는 사회에 물질적인 기여를 하지 않는 승려나 영적인 수행에 삶을 헌신하는 이들이 납세자들에게 쓸모없는 부담을 준다고 간주합니다. 현대인들은 종종 큰 거미를 보거나 나쁜 냄새를 맡고 당황하는 것처럼 승려나 사두들을 볼 때 당황해 합니다. 아이러니한 것은 사두나 승려들이 어떤 해도 끼치지 않는다는 점입니다. 대조적으로 최고의 MBA 졸업생들은 완전히 유해한 삶을 살고 있습니다. 그들은 전용 제트기를 타며 환경오염을 초래하고, 사치와 낭비를 일삼으며, 희귀하고 맛있는 동물들에게 상상을 초월하는 학대를 조장합니다. 그들은 자신들이 세계 경제를 주도하여 사람들을 돕고 있다고 확신하지만, 그들이 정말로 하고 있는 것은 너무 많은 불필요한 것들을 생산함으로써 세계의 천연자원을 착취하고 고갈시키는 것이고, 마음을 마비시킬 정도로 지루한 직업에 종사하는 수억 명의 사람들을 노예로 만드는 것입니다.

수백 년 동안 용감한 티벳과 중국의 수행자들은 부처님과 위대한 보살들이 살았고 가르침을 펼쳤던 인도와 네팔을 순례하기를 간절히 바랐고, 그 험한 여행을 하기 위해 삶의 대부분을 바쳤습니다. 몇 개월의 여행 끝에 마침내 보드가야나 룸비니에 도착했을 때 많은 순례자들은 뜻밖에도 놀라운 깨달음, 비전과 꿈을 경험했습니다. 기이한 그들의 경험담이 지금까지도 전해집니다. 어떤 순례자는 조각상이 말하는 것을 들었다고 합니다. 다른 이들은 성스러운 그림 앞에 있을 때 또는 사원에 들어가기 위해 기다릴 때 자신의 뺨을 스치는 바람에 의구심이 해소되었다고 합니다. 어떤 수행자들은 싯다르타가 앉아서 깨달음을 성취했던 자리를 보았을 때 압도되었다고 말합니다. 그들은 싯다르타가 값비싼 이탈리아 소파나 옥좌가 아닌 보리수 아래 평평한 돌 위에 앉아 계속되는 탄생의 고통을 끝내 마침내 궁극의 승리자가 되어 존재의 순환의 고리를 끊고 영원히 윤회계를 끝내는 것을 보는 것에 깊게 감동합니다. 그리고 바로 그 자리에서 미래불인 미륵불도 그렇게 할 것입니다.

성지를 순례하는 것이 자신의 모든 문제를 단번에 해결하지 못하고, 즉시 깨달음을 얻지 못한다는 것을 기억하는 것이 중요합니다. 동시에 인간은 조건과 상황에 의존합니다. 부처님께서 말씀하셨듯이, "모든 현상계는 조건 지어져 있으며, 그 조건은 동기에 의존합니다." 조건과 동기는 삼사라에 동력을 공급하는 중앙 엔진입니다. 여러분이 재탄생과 죽음의 순환에서 벗어나게 될 때 '열반'으로 알려진 자유를 만끽하게 될 것입니다. 인연조건을 만드는 것은 모든 단계에 엄청난 영향을 미칩니다. 이는 우리가 어떤 옷을 입을지, 우리의 교육, 우리가 살고 있는 정치체계, 우리가 먹는 음식, 우리가 어울리는 사람, 우리가 방문하는 장소에 영향을 미칩니다. 그러므로 우리가 순례하는 동안 가게 되는 성지들은 다른 강력한 인연조건을 만들게 될 것이고 이는 매우 긍정적인 것입니다.

마음의 동기

순례를 하기 위한 올바른 마음의 동기는 무엇일까요? 최대한 지혜, 사랑, 연민, 신심과 진정한 출리심을 개발하는 것입니다. 출발하면서 어떻게 해서든 여러분이 순례하는 동안 계속해서 부처님의 위대하고 고귀한 깨달음의 공덕을 계속해서 떠올리고 결과적으로 자량을 쌓고 허물이 정화되길 바라는 발원을 해야 합니다.

처음에는 좋은 동기를 개발하는 것이 쉽게 들리는데, 주로 여러분이 자라 온 습관적인 추측으로 접근하기 때문입니다. 그렇다면 무엇이 그렇게 이해하기 어려울까요? 동기는 생각 이상의 것이 아니고 행동도 아닌데 그렇다면 무엇일까요? 여러분이 이를 시작하다 보면 왜 그런지 알게 될 것입니다. 대부분의 사람들은 놀랍게도 올바른 동기를 확립하는 것이 실제로 매우 어렵다는 것을 깨닫고, 확실히 처음 시작할 때 더 많은 어려움을 겪습니다.

여러분의 마음에서 청정한 동기가 피어오르는 것이 익숙해짐에 따라, 여행 계획을 세우며 그 순간 이를 적용해 볼 수 있습니다. 칫솔을 챙기고 설사약을 사며, 여러분이 하는 모든 일이 부처님께서 살았고 가르침을 펼쳤던 땅으로 데려다주는 과정의 일부라는 생각에 흥분을 느낍니다. 깨우친 수많은 위대한 보살들이 살았고 가르쳤던 땅을 보고 만지고 냄새 맡게 됩니다. 오늘날 사람들은 로맨스를 찾아 하와이에 가고, 쇼핑하러 홍콩에 가거나 문화생활을 위해 로마나 런던에 갑니다. 여러분들은 위대하고 용기 있는 영적인 탐험가들로부터 영감을 받았기에 인도로 여행을 할 것입니다. 단지 부처님을 따르는 이들뿐 아니라 세계의 다른 위대한 종교들의 성인과 스승들이 터전을 만든 곳이죠.

우리들에겐 부처님이 스승이자 영감이고, 그의 황금빛 피부와 우쉬니샤(육계肉髻)[1]의 묘사에 매료될 수 있지만 그러한 세부 사항은 우리의 신심과 관계가 없습니다. 진실로 우러나와야 할 신심은 그의 가르침과 진리를 밝힌 합리적이고 논리적인 방편들입니다. 불교도로서 우리의 목표는 단지 그의 충고를 따르거나 하인이 되는 것이 아닙니다. 궁극적으로 우리의 목표는 정확하게 그와 똑같이 되는 것입니다. 깨어난 존재가 되는 것이죠. 그래서 이상적으로 우리의 유일한 동기는, 즉 순례를 포함하여 절대적으로 우리가 하는 모든 일의 원동력은 깨달음을 얻고자 하는 발원입니다.

정념

진리의 발견으로 이끄는 수행 방편의 토대는 정념입니다만 이를 일으키는 원인들은 부족합니다. 부처님을 따르는 이들은 정념을 일으키고 유지하고 강하게 하기 위해 무엇이든 할 수 있습니다. 우리는 예를 들어 사원을 참배하고, 집에서 부처님의 탱화를 걸고, 경전과 진언을 암송하고, 부처님의 말씀을 듣고, 숙고하고, 명상하는 등 다양한 도움을 주는 모든 도구와 표지를 사용합니다. 그래서 우리는 정념이 포함된 푯말이 많은 곳을 활용하려는 소원이 마음의 동기가 되어 성지를 방문합니다.

3. 순례를 최대한 활용하는 방법

자량의 집적과 정화

순례를 하는 동안 수행에 대한 이해를 향상시킬 수 있는 방법들이 있는데, 그중에서 특히 중요한 두 가지 방법이 있습니다. 첫째는 지혜와 자량의 증장이고, 둘째는 허물의 정화입니다.

대다수의 인간은 본능적으로 두 가지 활동을 합니다. 첫째, 쓰레기는 버리는 것을 좋아하고, 둘째, 좋은 것은 모으기를 선호합니다. 이 두 행동은 모두 무언가를 성취한 느낌을 줍니다. 예컨대 몇 달 동안 방치한 침실을 정돈하거나, 벽에 새 사진을 걸거나, 싱싱한 꽃을 꽃병에 꽂을 때 기분이 좋아집니다. 거의 모든 사람들이 하고 있는 일종의 습첩인 이러한 작은 행동들은 우리의 기분을 변화시키고 수행을 위한 틀로 유용하게 사용할 수 있습니다. 수행은 그러므로 종종 (쓰레기를 버리는) 정화 혹은 (좋은 것을 모으는) 증장 중 하나로 제시되지만, 두 가지가 별개라고 생각하는 것은 실수입니다. 여러분이 집안일을 할 때 그저 지저분한 것을 치우는 것뿐 아니라 그로 인하여 집이 더욱 아름다워집니다. 이와 비슷하게 정화와 증장은 동시에 일어납니다.

인간으로서 여러분은 끊임없이 감정의 변화를 경험할 것입니다. 잠시 동안 '모으기'에 집중하다가 다음 순간 '치우기'만을 원하고 어떨 땐 둘다 하기를 원합니다. 영적인 길을 따르는 데에도 마찬가지입니다. 때때로 정화를 강조하기를 원하고, 어떤 때에는 자량을 집적하기를 원하고, 때에 따라 동시에 두 가지 다 하기를 원합니다. 순례를 할 때 가능하다면 두 가지 모두를 가능한 자주 여러 방법으로 하면 좋습니다.

불교의 오랜 전통 중 하나는 사랑하는 사람이나 좋든 나쁘든 강한 인연이 있는 사람을 대신하여 순례를 하는 것입니다. 특히 죽은 사람을 대신하여 순례에 나서는 것은 전통적인 불교 사회에서 매우 인기 있는 수행입니다. 여행을 하며 견디는 고난, 여러분의 시간, 에너지, 재물과 돈 등 여러분이 하는 희생의 회향으로 죽은 이의 악업이 정화됩니다.

지혜는 간단히 말해서 비이원의 인식입니다. 지혜는 존재의 본성을 청정하고 절대적이며 완전한 그림으로 구현한 마음입니다. 이러한 지혜를 가진 자는 결코 그들의 체험에 속지 않을 것입니다. 어떤 일이 일어나도 그들의 지혜는 왜곡되거나 변형되지 않고 궁극의 실재의 진리에서 벗어나지 않습니다. 우리는 진정한 가르침을 듣고, 숙고하고 수행함으로써 지혜를 길러야 합니다. 지혜가 없으면 우리는 망상으로부터 자유로워질 수 없습니다. 그러니 지혜를 개발하는 것이 매우 중요합니다.

자량은 우리의 능력으로 나타납니다. 선행을 하는 능력으로 우리는 세상과 만물을 있는 그대로 볼 수 있는 환경을 만들 수 있습니다. 자량이 없으면 이러한 상황은 불가능합니다. 자량으로 우리가 듣고 숙고하고 수행하는 것이 무엇이든지 지혜를 증장하는 데 필요한 능력과 조건을 개발하도록 이끌 것입니다. 그러므로 자량과 지혜는 서로 밀접한 관련이 있습니다. 자량은 지혜를 만들고 지혜는 자량을 만듭니다. 궁극적으로 자량은 진리를 이해할 수 있을 뿐만 아니라 그 진리대로 살 수 있도록 우리 삶을 통제할 수 있는 능력입니다.

이상한 점은, 특히 대승을 수행하는 우리 같은 사람들은 자량을 쌓는 것이 너무도 쉬운데 거의 그렇게 하지 않는다는 것입니다. 꽃잎 하나를 부처님께 공양 올리는 것으로 우리는 자량을 집적할 수 있고, 그 자량을 일체중생의 궁극의 행복에 회향한다면, 이는 수십억 배가 됩니다. 만약 우리가 꽃(공양물), 부처님(공양물을 받는 대상), 우리 자신(공양물을 올리는 주체)을 환영으로 보는 공성의 지혜를 적용한다면, 어마어마한 자량을 집적하는 것은 물론이고 엄청난 지혜를 개발하게 됩니다. 이렇게 하나의 꽃잎을 공양 올리는 것이 우리를 지혜로 인도할 수 있습니다.

여기서 핵심은 자량과 지혜의 집적이 새의 양 날개와 같다는 점입니다. 둘 다 절대적으로 필요합니다.

자량을 쌓기 위해 꽃 한 송이를 올리거나 사원 전체를 금으로 도금하거나 어떤 방편을 선택하든지 한 가지는 확실합니다. 공양을 올리는 데 절대로 근시안적이거나 이기적이거나 세간적 이유가 되어서는 안 됩니다. 만약 그렇다면 수행의 모든 취지가 무효화되고 맙니다. 성지에서 공양을 올리고 수행을 할 때 비록 다소나마 세간적 이유가 있다면, 적어도 수행의 모든 요점은 자아, 이기심과 아만의 제거라는 것을 떠올리려 노력하시길 바랍니다.

악행은 장애가 됩니다. 악행은 우리 안에 깊게 자리 잡아 있고, 희망과 두려움의 고통으로 이끄는 완고한 습^習이므로 반드시 버려야 합니다.

우리가 진정으로 갈망하고 원하는 게 무엇인지 살펴본다면, 우리 중 대다수는 그 무엇보다 완전한 자유와 독립을 원한다는 것을 발견하게 됩니다. 우리는 이를 얻기 위해 끊임없이 투쟁하고 모든 노력을 쏟아 부을 의향이 있습니다. 우리의 이상적인 세상은 누군가에게 또는 무언가에 의존할 필요가 없으며 누군가의 지시를 받지 않고, 누군가에게 아쉬운 말을 할 필요가 없고, 우리의 숨통을 죌 필요가 없는 곳입니다. 기본적으로 우리가 원할 때 우리가 원하는 것을 자유롭게 할 수 있는 곳이죠. 우리는 이 상황을 만들기 위해 무엇이든 시도합니다.

세속적인 관점에서 완벽한 독립 추구는 수많은 활동을 낳았습니다. 개인 차원에서 보자면 가정주부들이 집안일을 위해 누군가를 위임하고 관리하는 시간 낭비와 불만으로부터 해방시키기 위해 어떤 이는 진공청

소기를 발명했습니다. 마음이 맞는 사람들은 그들의 개인주의가 보편적으로 받아들여진다고 확신하기 때문에 하나의 그룹으로 함께합니다. 인권을 지지하거나, 민주주의나 사회주의가 세계적으로 제정되었거나, 과학과 기술의 발전을 촉진하는 데 모든 노력을 기울인다면 전 인류의 독립을 성취했을 것입니다. 적용되어야 할 방법에 대해 동의할 수는 없더라도, 모든 인류는 동일한 궁극적인 목표를 향해 나아갑니다. 의존의 흔적이 없는 궁극적인 자유입니다.

자유는 불교의 궁극적인 목표이기도 합니다. 그러나 부처님의 자유에 대한 정의는 인권, 민주주의 등을 훨씬 넘어선 것입니다. 영적인 의미에서 자유는 우리의 모든 번뇌와 '~주의'와 견해로부터 해방될 때 체험할 수 있습니다. 우리는 그 무엇보다 자유를 갈망하지만 무지로 인하여 자유를 실현할 요인을 어떻게 얻는지에 대한 실마리를 찾지 못한다고 부처님께서 말씀하셨습니다. 대신에 우리는 해방의 가능성에서 점점 더 멀어지는 피할 수 없는 원인을 배양합니다. 굶주린 물고기가 음식에 대한 갈망으로 어부의 갈고리를 삼키거나, 나방이 불꽃에 매료되어 스스로 뛰어들거나, 사슴이 사냥꾼의 피리 소리에 이끌려 덫에 걸려들 듯, 우리는 계속해서 욕망의 대상이 우리를 파괴하여 순식간에 공포의 불씨가 되는 일시적인 행복의 한 방울을 위한 사랑 이야기에 마구 뛰어들고 있습니다.

　너무도 자주, 민주주의와 인권에 대한 개념과 우리의 삶을 가로막고 있는 수많은 장치들로 인해 우리에게 주어진 한계들은 우리를 훨씬 더 의존적으로 만듭니다. 우리 중 누구도 자유롭지 않다는 것이 대낮처럼 명백합니다. 우리는 억압적인 독재 아래 살고 있습니다. 우리의 모든 행동은 습관과 감정에 의해 규정되고 환경에 의해 강화됩니다. 아이폰에서부터 실크 속옷에 이르기까지 우리가 생산하는 모든 것이 우리의 희망, 두려움 및 감정적인 반응을 강화하고 자극하며, 지속적으로 우리의 의존성을 강화하도록 설계되었습니다. 가끔 소수의 사람들만이 우리가 빠져 있고 묶여 있는 습관과 감정의 사슬을 풀기 위해 노력하는 것을 엿볼 수 있습니다. 우리를 사로잡고 있는 세속적인 환상을 떨쳐버림으로써 진실을 마주하려 간절히 노력하지만, 자량의 부족으로 인하여 악행의 강한 흐름과 습관의 엄청난 힘이 우리를 악취가 진동하는 산란의 늪으로 끌고 갑니다.

성지에서 자량을 쌓는 방법

불자들이 늘 같은 실수를 합니다. 예를 들어 매일 물 공양을 올리는 것과 같은 자량을 집적할 수 있는 작은 일을 하지 않습니다. 시시하고 가치가 없어 보이기 때문입니다. 하지만 많은 이들이 시간과 자원이 부족하기에, 1년 동안 불교 대학에 재정을 지원하거나 매달 10만 개의 버터 램프를 밝히고 절을 짓거나 하는 큰 자량을 쌓는 행을 하지 못합니다. 그래서 결국 그들은 아무것도 하지 않게 됩니다.

초심자들에게 자량의 집적은 노력이 요구됩니다. 예를 들어 캘리포니아의 순례자는 자신의 정원의 꽃을 인도의 성지에 올리려 시도할 수 있죠. 물론 캘리포니아 꽃이 인도 현지의 꽃을 공양 올리는 것보다 더 큰 자량이 있다고 할 수는 없습니다만, 여행 동안 꽃을 보호하려는 노력과 그 과정에서 소비되는 비용은 분명 그럴 것입니다. 동시에 부처님께 꽃을 파는 소녀의 꽃을 공양 올림으로 아이를 돕겠다는 염원이 동기가 되어 성지에서 어린 소녀에게 꽃을 사는 것 또한 여러분의 공양에 의해 자량이 증장됩니다. 혹은 여러분이 꽃을 사게 되는 누군가가 삼보와 법연이 맺어지길 바라는 마음이 동기가 될 수도 있습니다. 이는 다른 이들을 삼보와 연결시켜 주는 다리로 자신의 자량을 이용하기에, 자량을 집적하는 데 매우 심오한 방편이 될 수 있습니다.

　돈을 모으고 휴가 계획을 세우는 등 여행 계획을 세우는 것을 포함하여, 순례는 자량을 집적하는 매우 강력한 방편입니다. 이렇게 하면 자량이 많이 쌓이게 됩니다. 또한 보리심의 이슬로 우리의 동기를 흩뿌린다면, 순례와 관련된 모든 것이 단지 자신의 망상과 고통을 정화하는 것만이 아닌 일체중생을 깨달음에 이르게 하는 것에 회향하게 됩니다. 이는 할 수 있는 최상의 염원입니다. 그리고 티켓을 구매하는 것에서부터 탑돌이를 하는 것에 이르기까지, 겉으로 보기에는 세간적으로 보이지만 순례에 필요한 모든 것들은, 완벽한 대승의 길을 따르는 행이 됩니다.

　사람들은 종종 선행을 할 때 쌓이는 자량에 대해 그것이 이기적인 것은 아닌지 궁금해 합니다. 대승 수행자로서 그리고 발원하는 보살로서, 이기적인 행동의 위험성을 인식하는 것이 중요하지만, 만약 자신의 모든 자량을 궁극의 행복과 일체중생의 깨달음을 위해 회향한다면, 여러분의 행위는 이기적인 것만은 아닐 것입니다.

　불교는 의식을 행하고 과거의 성취자들이 지은 의궤집과 기도문을 염송합니다. 자량을 쌓고 악업을 정화하는 것은 의식을 행하는 것에 의존하지 않습니다. 만약 여러분이 좀 더 간단한 수행을 하길 원한다면, 성지에서 엄청난 자량이 쌓이는 수행 몇 가지가 여기 있습니다.

주변 정리

이제 막 룸비니에 도착했다고 상상해 보세요. 여러분이 제일 먼저 할 일은 탑 주변을 깨끗하게 정리하는 것입니다. 그곳 전체를 다 치울 필요는 없고 탑 주변의 60센티미터 정도만 치워도 괜찮습니다. 다른 사람들에게 청소 도구로 피해를 주지 말고 자신의 손수건이나 휴지로 바닥을 닦은 후, 만약 향수가 있다면 그 공간에 향수를 뿌리고 공양을 올리십시오.

공양 올리기

전통적인 공양물은 물, 꽃, 향, 음식, 등불입니다. 만약 초 하나가 있다면 그것만으로도 충분하며, 엄청난 양을 올리지 않아도 됩니다. 공양물을 어떻게 올리는지는 크게 상관이 없습니다. 잘 쌓아 놓거나 아름답게 배열하면 좋습니다. 기억할 것은 보다 더 노력을 기울일수록 보다 더 자량이 쌓인다는 점입니다. 그러니 만약 두 개의 초와 네 개의 꽃잎만 있더라도 눈을 즐겁게 하기 위해 약간의 추가적인 노력을 하는 것을 고려해 볼만하겠지요.

수행

환경을 정리하고 공양물을 올렸다면 명상을 하거나 진언을 염송하세요. 여러분이 좋아하는 귀의문이나 기도문을 하셔도 좋습니다.

정리

수행이 끝나면 가져온 비닐봉지와 공양물을 넣어 온 가방이나 그 밖에 보이는 다른 쓰레기들을 정리하십시오. 성지에 다른 사람들이 버리고 간 쓰레기를 치우는 것은 자량을 쌓는 또 다른 방법입니다. 성지를 소독하는 것이 아니라 여러분의 악업을 정화하는 것이 요점이란 것을 기억하세요.

여러분들은 순례를 하다 특히 보드가야와 같은 명소에서 다른 많은 순례자들을 만나게 될 것입니다. 어떤 사람들은 상당한 규모의 공양을 올리며 과시를 할 수도 있는데, 상황이 그만큼 안 되는 사람들에겐 질투와 부러움을 일으킬 수 있습니다. 과시하거나 허세를 부리기 위해 공양을 올리는 것은 전혀 이익이 되지 않고 도리어 부정적인 업을 쌓는 강력한 원인이 됩니다. 그러니 언제나 겸손을 실천하고 자신의 재산이나 공양을 과시하지 말고, 관심을 받으려고도 하지 말고, 어떤 식으로든 과시하지 마세요.

삼보를 떠올림

불법은 강력한 수행의 빛나는 보물을 제공하지만 귀의 수행보다 더 빛나는 것은 없습니다. 불법승 삼보에 귀의하는 것은 불교 수행의 모든 근본적인 요소들을 하나로 모읍니다. 귀의 수행을 하는 것은 정견을 개발하기 위해 한 걸음 더 가까워지는 것을 보장합니다.

귀의 수행의 결정적 핵심은 귀의의 대상이 무생물적인 묘사로 남기보다는 불법승 삼보가 실제로 마음에 와닿는 귀의의 대상이 되는 것입니다.

귀의 수행에 필요한 필수적인 기둥은 출리심, 신심의 고귀한 공덕 그리고 보리심의 사랑과 연민입니다. 아무리 숙련된 수행자라도 이러한 공덕들을 증장하고 유지하는 것은 쉽지 않고, 특히 우리와 같은 초심자들에겐 크나큰 도전입니다. 대부분 출리심, 신심, 보리심은 우리 마음에 추상적인 이상 정도로 자리 잡고 있습니다.

수세기 동안 수행자들은 이러한 공덕들을 개발하기 위한 좋은 방법이 불법승 삼보에 출리심, 신심과 보리심이 그들 마음에 꽃피우기를 간절히 기도하는 것임을 찾았고 그 과정에 아무런 장애가 없다는 것을 깨달았습니다. 이 위대한 수행자들은 또한 윤회계의 고통을 숙고함으로써 진정한 출리심을 개발할 수 있다고 했습니다. 그리고 언젠가 한 번쯤은 우리가 진정으로 사랑했던 사람이었음을 인정함으로써 타인을 향한 사랑과 연민을 기를 수 있습니다

　보리심을 개발하는 것은 매우 중요하기 때문에 우리는 사랑과 연민을 유지하기 위한 필요한 모든 것을 해야 합니다. 윤회계에서 겪는 가장 끔찍한 고통을 숙고해 보십시오. 가령 납치를 당해 어둡고 통풍이 잘 안 되며 밀집된 트럭에서 장거리로 운송되어 성매매로 팔려 나간 8세 이하의 어린 소녀들을 생각해 보십시오. 그들의 공포와 고통에 대한 생각만으로도 우리는 감당하기 어렵습니다. 그러나 그 아이들의 부모들의 고통은 어떻습니까? 숙고하는 것이 거의 불가능합니다. 그러나 납치범에 대해 생각하는 것이 더 중요할 수 있습니다. 납치범은 무지와 어리석음으로 인해 잔혹한 범죄를 저질렀습니다. 이런 종류의 시나리오를 반복해서 상상해 보면 우리는 얼어붙은 마음을 감금하는 얼음의 요새를 녹일 수 있습니다.

삼보의 공덕을 숙고하는 것은 모든 현상의 실체와 진리에 대해 생각하는 것입니다.

불佛

우리와 같은 초심자들은 부처님을 생각하는 것으로 시작하면 좋습니다. 다른 부처님의 명호를 떠올리는 것도 매우 강력한 수행입니다. 그분에 대해 들었던 일화와 운명을 바꾸었던 유명한 사건들, 예를 들어 싯다르타 왕자가 그의 영광스러운 머리카락을 자르는 순간[1] 등을 떠올려 보세요. 부처님의 일생과 깨달음의 길에 대한 숙고는 모든 현상의 진정한 본성과 실재에 대한 이해로 이어집니다.

'부처님을 떠올리는' 최상의 단계는 비단 인간뿐 아니라 일체중생에 내재되어 있는 '불성'을 받아들이는 것입니다. 이와 같은 떠올림은 궁극의 귀의 수행과 매우 흡사합니다. 상대적으로 여러분들은 여러 방법으로 귀의할 수 있습니다.

- 룸비니의 무성한 정원의 나무 아래 앉아 계신 부처님을 상상해 봅니다.

■ 마음속으로 그분의 명호를 암송해 봅니다. 고타마, 석가모니, 부처님, 달마라자, 여래, 원초불, 세존, 마라짓, 로카짓, 지나, 다샤발라, 아드바야바딘, 샤카싱하, 싯다르타 등 여러분이 생각할 수 있는 모든 명호들을 염송하세요.

■ 마음속으로 명호를 염송하면서, 부처님께서 가사를 접으시고 발우를 닦는 모습을 생각해 보세요.

■ 원한다면 석가모니 정근을 하세요. 데야타 옴 무니 무니 샤까무니 스바하.

■ 싯다르타 왕자와 연관 있는 모든 이름들을 반복하세요. 예를 들어, 어머니인 마야 대비, 어머니께서 돌아가신 후 그를 길러 주었고 첫 번째 비구니가 되었던 쁘라자빠띠 이모, 아버지였던 숫도다나 왕, 부인이었던 야쇼다라, 아들인 라훌라, 사촌인 아난다, 이복동생인 난다.

■ 탐부라 줄에서 흘러나온 음악이 공기를 채운 가운데, 왕실 코끼리의 장식된 발이 왕실 가족을 위해 카펫처럼 쌓아 놓은 연꽃잎을 밟으며, 왕자와 그의 가족이 거닐던 숲을 상상해 보세요.

법法

불법에 대해 기억할 때, 부처님께서 가르치신 진리를 기억하는 게 훨씬 더 중요하기에 법본을 읽는 것에 국한시키지 마십시오.

- 모든 합성된 것은 무상합니다.
- 모든 이는 언젠가 죽습니다.
- 이 생에 모아 놓은 재산과 소유물은 아무리 많다 하더라도 죽음과 함께 흩어집니다.
- 우리가 지은 것은 무너질 것이고, 무엇이든지 누구이든지 모인 것은 언젠가 흩어집니다.
- 모든 현상의 본성은 공성이고 그것이 어떻게 나타나든지 실제와 다르다는 것을 기억하세요.
- 우리가 이 세상에서 어떻게, 무엇을 보던지 이는 우리의 인식의 결과이며 실재하는 것이 아닙니다.

승僧

지혜의 진리의 길을 따르고 의식적으로 자비와 연민을 일으키는 사람들의 공동체를 생각할 때 우리는 승가僧伽를 떠올립니다.

귀의 수행은 조복과 보호를 받는 것입니다. 비가 올 때 젖기 싫으면 우산 아래로 피신합니다. 마찬가지로 고통을 느끼는 것이 두렵고 환영에 매달리는 고통을 감내하고 싶지 않다면, 거짓된 진실에 귀의함으로써 야기되는 실망으로부터 자유로워지는 진리에 귀의하십시오.

귀의의 효과는 모든 합성된 현상은 무상하고, 모든 현상은 환영이고, 여러분의 주위를 둘러싼 세계는 자신의 인식의 부산물이며, 지적으로나 실제적으로 모든 이의 인식이 다른 것을 깨닫는 것입니다. 만약 이 진리를 부정하면 모래성이 무너질 때 눈물 흘리는 아이와 같아질 것입니다.

전통적으로 수행자들은 정신적으로 귀의 수행과 더불어 육체적으로 하는 절을 병행하는데, 이를 아만에 대한 대치로 추천합니다. 바닥에 온몸을 던지는 전신투지와 사지와 몸에서 가장 귀한 부분인 이마를 대는 절이 있습니다. 이렇게 함으로써 여러분은 상징적으로 자신을 삼보에 조복하고 자신의 가장 소중한 소유물인 몸·말·마음(신구의身口意)을 공양 올리는 것입니다.

다음은 어디에서나 그리고 모든 성지에서 할 수 있는 수행입니다.

삼배三拜

먼저 삼배를 올린 후 다른 사람들의 길을 막지 않는 곳에 앉도록 하십시오.

불보살님들을 생각하기

불보살님들이 여러분 앞에 계시다고 상상해 보세요. 만약 너무 힘들다면(극소수의 사람들만이 물리적으로 불보살님들을 볼 수 있습니다), 마음의 눈으로 그분들을 그리는 것에 집중해 보세요. 여러분 앞에 불보살님들이 무생물의 불상이 아니라 생생하게 현존한다는 완전한 확신을 가지십시오. 이 깨달은 존재들은 지혜가 넘쳐흐르고 윤회계의 모든 것을 볼 수 있습니다. 과거 현재 미래에 대해 모르는 것이 전혀 없습니다. 특히 현존하는 가장 무지하고 오염된 존재인 우리와 같은 사람들에게 그들의 연민은 방대하고 번개처럼 신속합니다. 그들의 힘은 너무도 거대해서 끝나지 않는 이 존재의 순환의 모든 고통을 완전히 뿌리째 뽑을 수 있는 능력이 있습니다.

부처님께선 32상 80종호가 있다고 하는데, 이것은 우리와 같은 제한된 존재들에게 다양한 철학적 사상을 전달하려고 하는 상징적인 방법입니다. 사실상 부처님의 신구의와 공덕과 불사는 제한이 없고 숫자를 뛰어넘습니다. 다른 말로 표현하자면, 윤회계의 존재 전체에 부처가 아닌 것은 하나도 없습니다. 이는 충분한 자량이 있는 사람은 땅에 떨어지는 낙엽을 보아도 출리심과 신심이 일어나는 것을 뜻합니다. (이 경우 낙엽 자체를 부처님의 화현이라고 할 수 있습니다.)

　우리 중 대부분은 부처라는 단어는 즉각적으로 사람을 떠올리게 하는데, 이 성지들이 싯다르타 왕자와 관련이 있으니 부처를 인간으로 생각하는 것은 자연스러운 일입니다. 이렇게 함으로써 우리는 '부처'를 한정 짓습니다만, 실제로 그는 헤아릴 수 없고 시간, 공간, 성별에 묶이지 않습니다. 그러므로 여러분이 무언가를 보거나 들을 때 그것이 지혜와 보리심의 사랑과 연민에 영감을 준다면, 그 '무언가'는 '부처'의 화현이라고 할 수 있습니다. 실제적으로 말해서, 사원의 벽화 속 황금빛 피부에 전통적인 가사를 수하고, 손은 부미스파르샤(촉지) 무드라bhumisparsha mudra[2]이고, 보살과 아라한, 승려와 재가자들을 포함한 모든 권속들에 둘러싸여 계신 부처님의 형상이 도움이 된다는 것을 알게 될 것입니다. 여러분이 좋아하는 모습의 부처님을 선택하세요. 티벳 탱화나 중국의 특정한 전통을 좋아한다면 그런 모습의 불보살님들을 상상하십시오. 만약 여러분들이 문화적으로 좀 더 정통적인 것을 선호한다면, 인도의 탱화에서 영감을 얻으시면 됩니다. 어쨌든 부처님께서 나투길 원한다면, 부처님이 여러분 앞에 생생하고 살아 계시듯 서 계시거나 앉아 계신다고 상상하고 그분께 귀의하십시오.

만약 원한다면 여러분들은 탑이나 사원, 성지 전체를 깨달음에 대한 끊임없는 욕구를 나타내는 상징적인 몸짓으로 꼬라를 돌 수 있습니다.

경전 독송

수행의 분위기를 고조시키기 위해 여러분들은 『수념삼보경』을 독송하면 좋습니다. 어디에 있건 경전을 소리 내어 읽거나 혹은 자량을 쌓기 위해 성지순례에서 경전을 독송하는 것은 매우 강력한 효과가 있습니다.

수념삼보경隨念三寶經

일체지자께 예경합니다!

이처럼 부처님은 여래, 적을 물리친 분, 정등각, 명행족, 선서, 세간해, 조어장부, 무상사, 천인사, 불세존이시다.

그 여래는 복덕의 원인이고, 헛됨 없는 선의 근원이며, 인욕으로 장엄하시고,

복덕의 보고寶庫, 32상과 80종호로써 장엄되시고,

행위는 적절히 조화롭고, 뵙기에 맞지 않음이 없고,

신심으로 믿는 이에게 진정한 기쁨이 되고,

지혜는 대적할 이 없고, 위신력은 당할 자 없고,

모든 중생의 스승, 모든 보살의 아버지, 성현들 중의 왕,

열반의 마을로 가는 자들의 안내자, 지혜는 무한하며,

용기는 헤아릴 수 없고, 말씀은 진실하고,

좋은 목소리와, 모습은 아무리 보아도 싫증이 나지 않고,

신체는 비할 바 없고, 욕계에 물듦이 없으며, 색계에도 전혀 물들지 않고,

무색계와도 같지 않고, 고통에서 완전히 벗어났으며,

오온으로부터 완벽히 벗어나시고, 십팔계十八界가 없으며, 십이처를 제어하고,

속박을 완전히 끊고, 번민에서 완전히 벗어나고, 욕망에서 벗어나고,

흐름에서 벗어나고, 지혜는 원만하고,

과거와 미래 현재에 오신 부처님들의 지혜에 머무시고,

열반에 머무시지 않으시며,

궁극의 정점에 머무시고, 모든 중생을 살피시는 지위에 머무심,

이것들은 부처님 세존 신체의 위대하고 오롯한 공덕들이다.

성법은 처음도 선善이고, 중간도 선이며 마지막도 선이고, 의미도 좋고 문자고 좋으며

혼잡하지 않고, 원만하며 청정하고 정화하며,

세존은 법을 잘 설하셨으며,

바르게 보이시고, 병이 없고, 끊임이 없고, 완전하게 이끄시며,

보아야 할 의미가 있으며, 훌륭한 이들이 배워야 할 대상이고,

세존께서 훌륭히 설하신 계율의 법, 출리出離[3]하며, 원만 보리로 이끌며,

거슬림 없고 화합하며, 원인이 있고, 번뇌의 근원을 끊는다.

대승의 승단은 잘 행하고, 정리正理로 행하고, 정직하게 행하며,
순리대로 행하고, 합장 공경을 받을 만하며, 훌륭한 복전福田이며,
보시를 제대로 정화하며, 공양 받을 만하며, 완전히 공양 받을 만
한 대상이다.

부처님의 공덕은 불가사의하며, 법의 공덕도 불가사의하고, 승단
의 공덕도 불가사의하다.

그 불가사의함에 헌신한 과보 또한 불가사의하다![4]

귀의

다음으로 샨티데바의 『입보리행론』에 나온 귀의 기도문을 읽거나 여러
분이 좋아하는 귀의문을 읽으시면 됩니다.

깨달음에 이를 때까지

부처님께 귀의합니다.

정법에 귀의합니다.

보살 승가에 귀의합니다.[5]

원한다면 여러분들의 마음에서 우러난 기도문을 만들어 사용해도 좋습니다. 개인적인 기도문이 더 효과적일 수도 있습니다. 전통적으로 귀의문에는 두 가지 요소가 포함되어 있어야 합니다. 하나는 불법승 삼보에 귀의한다는 내용이고, 다른 하나는 보호를 청하는 것입니다. 여러분의 기도문이 반드시 우아한 문학 작품이 될 필요가 없고 특정한 게송의 전통을 따르지 않아도 됩니다. 보호와 도움에 대한 소망을 자신의 언어로 표현해 보세요. 수줍어서 스스로 쓴 글을 크게 암송할 수 없다면, 마음속으로 되뇌십시오.

부처님을 안내자로, 불법을 수행의 길로, 승가를 도반으로 귀의하십시오. 그런 다음 심각한 바이러스 감염이나 전염병에 걸리거나 교통사고에 연루되거나 플라스틱 이쑤시개를 삼키는 등의 일상의 사고로부터 보호해 달라고 요청하십시오. 무엇보다 중요한 것은 자신의 이기심, 자기 중심적 태도, 만족을 모르는 탐욕, 구름과 같은 무지, 파괴적인 분노, 분별, 이원적인 생각, 오염된 인식, 그리고 우리를 모호하게 만드는 모든 다른 장애로부터 보호를 요청하는 것입니다.

흔히 초심자로서 우리는 부처님께 귀의하는 것으로 시작하는데, 이는 그분을 구세주나 일종의 신으로 믿기 때문입니다. 그래서 우리의 기도는 조금 사소한 경향이 있습니다. 한 가지 관점에서 볼 때 우리가 세간의 안녕, 건강, 좋은 관계, 사업 성공, 심지어 내가 응원하는 축구팀의 승리를 위해 기도하지 말아야 할 이유는 없습니다. 결국 축구 시합의 패배는 몇 주 동안 불법에 대해 생각하는 것이 불가능할 정도로 쉽게 삶을 혼란에 빠뜨릴 수 있습니다!

그러므로 육체적인 안녕, 개인의 재산 그리고 챔피언스 리그 우승에 대한 욕망이 진정으로 세간의 삶을 초월하고 싶어 하는 이의 접근법이 아니라는 것을 기억하는 것이 중요하지만, 우리는 그저 인간입니다. 우리 대부분은 일상적인 행복을 바랍니다. 그러므로 우리가 다른 사람을 도울 수 있는 에너지와 시간에 대한 갈망 혹은 불법을 후원할 수 있는 돈과 힘을 위해 병으로부터 보호를 요청함으로써 우리의 일상적의 기도에 대한 강조의 약간의 변화를 만들 수 있다면, 우리의 기도는 이기적인 염원에서 시작했지만 모든 이의 이익이 되는 심원한 원천이 될 수 있습니다.

이상적으로 여러분들은 언제나 기도문에 일체중생을 포함시켜야 합니다. 최소한 여러분의 친구나 아는 모든 이들을 포함시키세요. 그러나 그들의 세속적인 일에 행운만을 빌지 말고 불법과 인연이 닿기를, 깨달음을 얻기를 그리고 개인적으로 수십억 유정들의 해방을 염원하는 기도를 하길 바랍니다.

마지막으로 기도문을 마칠 때 더욱 심오한 귀의를 위해, 모든 불보살님들이 여러분에게 녹아들고, 여러분이 귀의한 대상과 분리될 수 없다고 관상하세요.

그 상태에서 잠시 머물러 보세요.

이 마지막 단계는 궁극의 견해에서 보면 우리의 귀의의 대상이 외부에 존재하는 것이 아니고 하늘에 거하며 우리를 판단하고, 벌하고, 보상하는 전능한 보호주들이 아니라는 것을 상기시키기 때문에 매우 중요합니다.

보살계 수지를 위한 예비행

여러분이 귀의로 수행의 토대를 닦은 대승 수행자라면, 이제 보살계를 수지할 때입니다. 위대한 성취자들이 성지를 순례할 때마다 대부분의 시간을 보살계를 수지하거나 적어도 보살 서원을 다시 새롭게 했다는 것을 기억하세요.

대승 전통에 따르면 보살계를 받기 전에 우선 약간의 자량을 쌓아야 하는데, 예를 들어 칠지 기도 염송을 통해 자량을 집적합니다.

칠지 기도

대승은 실행하기 쉬운 지혜와 수승한 방편의 결합으로 놀랄 만한 결과를 가져옵니다. 무량한 자량을 집적하기 위해 여러분은 자신의 뼈와 살 혹은 집을 바치는 것과 같이 평범을 넘어선 엄청난 희생을 해야 한다고 생각할 수도 있습니다. 그러나 물질적인 공양만이 우리가 할 수 있는 유일한 길이 아닙니다. 만약 그렇다면 이는 실용적인 시스템이 아닙니다! 우리 대부분은 기부할 수 있는 많은 돈이나 재산을 가지고 있지 않습니다. 다행히도 대승의 길에는 부유층만이 아닌 모든 수행자들을 수용할 수 있는 지혜와 방편이 있습니다. 이는 물질적인 공양과 같은 양의 자량을 집적할 수 있는 '시각화'라는 방편을 알려 주기 때문입니다. 달리 말해서, 대승은 쉽고, 행복하며, 고통스럽지 않으면서도 여러분들이 그 방편을 사용한다면, 물질적 공양을 한 것과 같은 자량과 지혜를 얻을 수 있습니다.

이 비범한 방편 가운데 하나가 칠지 공양입니다. 이 수행은 자량을 모으는 일곱 가지 방법을 포함하는데, 각기 다른 목적을 가지고 있습니다. 그 일곱 가지는 다음과 같습니다. 정례지頂禮支, 공양지供養支, 참회지懺悔支, 수희지隨喜支, 청법지請法支, 청불주세지請佛住世支, 회향지回向支입니다. 이 기도문은 많은 다른 경전과 불교 수행에 나와 있습니다. 어떤 기도문을 염송할지는 여러분에게 달렸습니다. 가장 좋은 걸 고르시면 됩니다.

정례지頂禮支

우리의 가장 단단한 껍데기인 아만을 부수기 위해 우리는 절을 합니다. 만약 여러분의 아만심이 높다면, 마음 안에 깨달음의 공덕이 자랄 공간이 없습니다. 깨달음의 공덕이 없으면 어떠한 보리행을 하더라도 막혀 버릴 것입니다. 게다가 아만은 본질적으로 안전하지 못하며 여러 단계의 위선을 불러일으킵니다.

여러분의 몸을 수조兆 개로 나투었다고 상상하고, 그 증가된 몸들이 귀의의 대상에게 절을 한다고 관상하십시오. 부처님께서는 각각의 몸이 정확히 같은 양의 자량을 쌓게 될 거라고 하셨습니다.

시방 삼세의 모든 부처님과

법과 거룩한 무리들에게

우주의 먼지만큼 수많은

몸을 나투어 제가 절을 올립니다.

보리심의 터전과

불탑에 절 올리며

대덕의 큰 스승과

수승한 수행자들께 절 올립니다.[6]

공양지供養支

인색함의 대치법은 공양을 올리는 것입니다. 인색은 빈곤의 뿌리가 됩니다. 정신적 빈곤은 어려운 형편과는 관계가 없습니다. 물질적으로 풍부하지만 정작 본질적인 무언가가 부족하다고 끊임없이 느끼는 이 세상의 모든 부자들을 보십시오. 인색함의 부작용 중 하나는 옹졸함이고, 옹졸한 사람은 다른 사람을 매료시키는 위엄 있는 공덕을 절대 개발할 수 없습니다.

여러분이 할 수 있는 공양물에 제한은 없습니다. 허공이 한계입니다. '무량한' 공양이 우리의 귀에는 아름다운 공양물을 정교하게 산처럼 쌓아 올리는 것처럼 들리지만, 실제로는 그렇지 않습니다. 무량한 공양은

찬드라고미라는 어린 소년이 올렸던 것처럼 무척 작을 수 있습니다.

찬드라고미의 가족은 너무 가난해서 부모, 형제, 자매들은 모두 굶주림을 피하기 위해 구걸을 할 수밖에 없었습니다. 어느 날 찬드라고미가 구걸을 하다가 길가 사원의 관세음보살을 보았는데, 자비로운 모습에 이끌려 그날 아침 동냥했던 쌀 몇 알을 불상의 손에 뿌렸습니다. 그가 정성껏 공양물을 바쳤음에도 불구하고 불상에 떨어진 쌀알이 흙먼지로 미끄러져 들어가는 것이었습니다. 그래서 그는 몇 알의 곡식을 더 놓았지만, 다시 조각상의 손에서 미끄러져 내렸습니다. 그는 관세음보살께서 어떤 이유에서 공양물을 받지 않으시는지 걱정하기 시작했고, 자신의 주머니를 뒤져 공양 올릴 쌀을 꺼냈습니다. 얼마 지나지 않아 그의 주머니에는 아무것도 남지 않았습니다. 그러자 찬드라고미는 너무도 속이 상했습니다. 눈물을 글썽이며 관세음보살께 이렇게 말했습니다. "이제 더 이상 드릴 것이 없어요." 그 순간 소년의 진실한 믿음의 힘은 관세음보살을 불상에서 생명으로 오게 했고, 소년의 앞에 서 계신 관세음보살은 커다란 포옹으로 그를 위로했습니다.

물질적인 공양물을 올리는 것은 분명히 우리 모두가 해야 할 일이지만, 장기적으로 보면 우리가 상상하는 공양물들이 더 중요할 수도 있습니다. 전통적인 공양물들을 상상해서 시각화하거나 무엇이든지 여러분이 생각하기에 아름답거나 고가품이거나 가치가 있으며 특별하다고 여겨지는 것들, 예를 들어 캐나다의 나이아가라 폭포나 북경의 자금성, 우아하고 매력적인 무용수나 화려한 제복을 입은 미국 해병 등을 시각화해서 공양 올릴 수 있습니다. 상상력을 발휘하고, 자신의 문화가 중시하는 바람직한 대상에만 공양물을 한정 짓지 마세요.

보배로운 이 마음을 간직하고자

모든 여래와 정법과

티 없는 삼보와 불보살의

공덕의 바다에 지성으로 공양 올립니다.

존재하는 모든 꽃과 과일과

갖가지 약초와

세상에 있는 모든 귀한 보석과

또 세상의 맑고 향기로운 청정수

보석으로 장식된 수미산과 같이

숲으로 에워싼 고요하고 아름다운 대지와

늘 푸르며 꽃으로 장식된

가지마다 미묘한 열매가 달린 나무들

천상계의 꽃다운 향기와

향과 여의수如意樹와 보배로운 나무들

연꽃이 만발한 호수와 연못에

백조의 아름다운 소리가 있고

전설 속에 익어 가는 향기로운 곡식과

또 다른 공양 올릴 만한 장식품과

허공계 끝까지 가득 채울

주인 없는 모든 것

저는 마음으로 이 모든 것을 관觀하여

수승한 부처님과 보살님들께 헌공하옵니다.

성스런 복전福田의 자비하신 분들께서는

저를 어여삐 여기시어 이 모든 것을 받아 주소서.

저는 복덕이 없고 가난합니다.

공양 올릴 만한 어떤 재물도 가진 것이 없습니다.

그러나 당신은 이타행만 생각하시는 보호자이시니

당신의 위신력威信力으로 저의 이 모든 것을 받아 주소서.

저는 부처님과 보살님들께

내 온몸을 영원히 올립니다.

유정 중에 최고의 영웅이시여, 저를 받아 주소서.

공경하는 당신의 백성으로 귀의하게 하소서.

저는 당신께서 완전히 지켜 주신다면

윤회계에서 중생을 위해 두려움 없이 노력하고

전에 지은 악업을 완전히 넘어서

다시는 다른 죄악을 짓지 않겠습니다.

깨끗한 방에 미묘한 향기 가득하고

유리로 덮인 대지가 빛나고 번쩍이는 것과 같이

보석으로 빛나는 찬란한 기둥과

진주로 수놓아 아롱거리는 청정을 갖춘 곳에서

부처님과 보살님들께
수많은 보병에 향수를 가득 채워
노래와 음악과 함께 목욕 시켜 드리기를 원하옵니다.

그리고 비할 수 없이 좋은 천
깨끗하고 향이 스민 수건으로 당신들의 몸을 닦아 드리리다.
그리고 거룩한 이들께 어울리는
아주 좋은 향기가 스민 옷을 올리오리다.

아름답고 얇고 부드러운 옷가지와
진귀한 보석이 박힌 수많은 장신구로
거룩한 보현보살 문수보살
관세음보살도 함께 장식하오리다.

삼천대천세계에 향기가 배어들게 하는
가장 좋은 향료로 모든 부처님의 몸을

정제한 황금으로 닦아 내듯이

빛나는 그것들을 바르오리다.

공양처供養處 중에 공양처이신 고귀한 부처님께

아름다운 만다라 꽃과 연꽃

우담바라 꽃 등 향기로운 모든 것과

그윽하고 아름다운 꽃 타래로 공양을 올립니다.

마음을 앗아가는 최고의 향이 가득한

향기로운 구름 또한 올리며

드시고 마시는 여러 가지 천상의 맛있는 음식도

당신께 공양 올리오리다.

황금빛 연꽃 봉우리를 차례로 엮고

가없는 보석의 등불도 올리오리다.

대지를 고르고 향으로 발라서

거기에 향기로운 꽃잎을 흩어 뿌리오리다.

흥겨운 찬탄가가 맴도는 무량궁에는

귀한 진주 보석이 아롱거리며 빛나고

무한한 허공을 모두 장엄하여 이 또한

대자비의 근본이신 당신께 올리오리다.

황금의 손잡이를 가진 아름다운 보배 우산은

둘레를 여러 장식으로 멋지게 치장하여

우아한 모양으로 보기 좋게 들고서

항상 모든 부처님께 올리고자 합니다.

그와 다른 것 또한 공양을 올리니

청아한 소리를 내는 악기와 함께

중생의 고통을 가시어 주는

구름이 처처에 머무르게 하소서.

모든 고귀한 법보와

불탑과 불상에

보배로운 꽃 등의 비가

끊임없이 내리게 하소서.

문수보살과 여러 보살이

모든 부처님께 행하신 대로

저도 그와 똑같이

모든 여래와 보살님들께 공양 올립니다.

저는 여러 가지 음성과 곡조로

공덕의 바다이신 (부처님을) 찬탄합니다.

감미로운 찬탄의 구름이 당신들께

여실히 모두 나타나게 하소서.[7]

참회지懺悔支

다음은 숨어 있는 자아의 은신처를 해체하기 위해, 참회하고 여러분의 악업을 드러냅니다. 이것은 분노에 대치하는 가장 좋은 방법입니다. 여러분이 결함을 깊고 어둡고 숨겨진 곳에 쌓아 두면 중병에 걸리겠지요. 심각하게 아픈데 어디가 아픈지 의사에게 말하지 않는 것과 같습니다. 이런 중요한 정보를 주지 않는다면 의사가 여러분의 병명을 정확하게 진단하기 어려울 것입니다. 자신이 한 일 중 몇 가지를 잊어버렸거나, 불교의 관점에서 볼 때 악행이 어떤 것인지를 절대적으로 확신할 수 없다면, 그저 최선을 다하십시오. 과거에 일어났던 모든 일, 미래에 일어날 일, 현재 일어나고 있는 일을 아는 모든 불보살님의 현존 앞에 있다고 상상해 보세요. 그런 다음 부끄러운 생각과 행동 혹은 하지 말았어야 했던 생각이나 행동 혹은 미래에 할 수 있는 생각이나 행동들을 모두 드러내세요. 남김없이 드러내야 합니다.

원한다면 샨티데바의 『입보리행론』을 독송해 보세요.

시방의 모든 곳에 머무시는

완전한 부처님과 보살들

큰 자비 지니신 모든 분께

저는 두 손 모아 청하옵니다.

시작도 끝도 없는 윤회 속에서

금생과 또 다른 생에서

내가 모르고 지은 허물과

시켜서 짓게 한 죄악

무명의 어리석음으로 저를 누르고

부화뇌동附和雷同하여 저지른

이런 허물을 보면서

진심으로 수호자께 참회합니다.

저는 삼보 전에

부모와 스승과 이웃들에게

번뇌의 문門인 몸과 말과

마음으로 저지른 모든 악행

수많은 잘못으로 허물이 생겨

악해진 제가 범한 잘못들이

너무나 참기 힘드니

모두를 이끄시는 분들께 참회합니다.[8]

저의 알지 못하는 무명으로

성죄性罪와

차죄遮罪를 어기며

저지른 여러 가지 잘못을

부처님 앞에 나아가 합장하고

고통을 두려워하는 마음으로

거듭 절을 하면서

이 모든 것을 참회합니다.

중생을 이끌어 주시는 이여

저의 죄와 잘못을 어여삐 받아 주소서.

이렇게 선하지 않기에

저는 앞으로 다시는 저지르지 않겠나이다.[9]

수희지隨喜支

다른 사람의 성공을 찬탄하는 것은 자량을 쌓는 가장 쉬운 방법일 것입니다. 그것은 마치 거대한 자량이 여러분이 와서 줍기를 기다리듯 서성이는 것과 같습니다. 누군가 가치 있는 일을 하는 것을 볼 때, 여러분들이 자량을 쌓기 위해 할 수 있는 일은 그들의 선행을 찬탄하는 것입니다. 이는 또한 가장 어리석고 한심하며 고통스러운 감정인 질투에 대한 강력한 해독제입니다. 여러분이 외모가 수려하고 성공한 누군가를 보았을 때 질투심에 빠져 있기보다는 칭찬을 하세요. 그리고 이 두 가지 공덕은 전생에 인내와 보시를 닦은 결과임을 기억하시기 바랍니다.

마찬가지로 순례를 하는 동안에 병원을 운영하는 사람들부터 멋진 꽃꽂이를 하는 사람들까지, 여러분이 아는 모든 이들의 공덕을 생각해 보고 그들이 하는 유익한 일에 대해 기뻐하세요. 또한 명예와 칭송을 받는 이들부터 잘생긴 외모를 가진 사람들까지, 그들이 누리는 결과를 기뻐하세요. 무엇보다 불보살님들의 불사를 찬탄하는 것은 특히 강력합니다.

삼악도三惡途에 빠진 일체 유정의 고통

그것을 쉬게 하는 모든 선행과

고통에서 시달리는 모든 이의 안락처에서

기쁨으로 함께 수희찬탄隨喜讚嘆합니다.

깨달음의 씨앗인 선업을 쌓는

그곳에 기쁨으로 함께합니다.

몸 가진 윤회의 고통에서 완전히 벗어나는 것에

기쁨으로 함께합니다.

보호해 주시는 분들의 깨달음과

보살들의 경지에도 기쁨으로 함께합니다.

모든 중생에게 안락을 주는

발심發心 선법善法의 바다와

중생을 이롭게 하심에

기쁨으로 함께합니다.[10]

청법지請法支

우리는 말법시대에 살고 있습니다. 우리의 모든 문제의 근원인 퇴락과 무지에 대한 가장 강력한 해독제는 불보살님들께 계속해서 법륜을 굴려 주시길 청하는 것입니다.

2,500년 전에 부처님께서 반열반에 드셨기에, 여러분들은 '그분께 계속 가르침을 청하는 요지가 무엇인가?'라는 의문이 들지도 모릅니다.

일상생활에서 어떤 문제가 생기면 우리는 가장 먼저 우리가 존경하고 믿는 이에게 도움을 청합니다. 이 경우, 우리가 직면한 윤회계의 편만한 문제는 바로 근본 무지입니다. 그러므로 우리는 그 무지를 해결할 방법을 안다고 확신하는 누군가에게 물어봐야 합니다.

"그런데 어떻게 부처님께 여쭤볼 수 있나요?" 대부분 사람들의 즉각적인 반응입니다. "그분은 더 이상 살아계시지 않습니다! 대답을 듣기 전에 다음에 오실 부처님을 기다려야 하나요?"

불행하게도 이것은 전적으로 요점에서 빗나간 질문입니다.

법륜을 굴려 주십사 청하는 것은 단지 관습적인 방법만의 가르침을 받는 것을 의미하는 것이 아닙니다. '가르침을 받는 것'은 아주 많은 형태가 있습니다. 예를 들어, 좋아하는 드라마를 보거나, 죽은 나무를 보았을 때 혹은 책의 한 구절을 읽었을 때와 같이 가르침은 매우 일상적인 무언가가 될 수 있습니다. 어떤 것이든 여러분의 자비에 불꽃을 일으키고 이 생의 무상을 깨닫게 해주는 것이 바로 '법륜을 굴리는 것'입니다.

몇 번이고 불교를 공부하는 이들이, 처음 보았을 때 한 단어도 알 수 없어 이해할 수 없이 보이는 법본에 당황해 합니다. 나중에 약간의 자량을 쌓고 나서 같은 법본을 다시 읽을 때, 훨씬 쉽게 이해할 수 있습니다. 이것은 불보살님들이 "법륜을 굴리는" 범주에 속하는 방편 중 하나입니다.

역사적으로 부처님께선 세 번의 법륜을 굴리셨다고 합니다. 그분과 그분의 가르침에 신심을 느낄 때마다 우리 모두와 함께하리라 약속하셨습니다. 이는 부처님께서 계속 법륜을 굴리는 것을 의미하고, 가르침은 절대 멈추지 않습니다.

시방의 부처님께

두 손 모아 바라오니

어둠 속에 헤매는 중생 앞에

법의 등불을 밝혀 주시길 비옵니다.[11]

청불주세지 請佛住世支

열반에 드시지 말고 윤회계에 남아 주시길 요청하는 것은 우리의 사견과 의심에 대치하는 방법입니다. 윤회계 존재들의 마음은 이원적이고, 이 이원적인 마음은 본래 의심으로 가득하므로 결국 사견을 낳게 됩니다. 수행자들은 그들의 수행, 그들의 길, 그리고 영적인 삶의 방식에 대한 의심 때문에 고심하느라 많은 시간을 허비합니다. 이는 아마도 우리가 직면해야 하는 가장 힘든 도전일 것입니다. 의심은 우리의 영적인 여정이 끝날 때까지 함께할 하나의 감정입니다. 우리의 식견이 높아질수록 의심은 더욱 날카로워집니다. 여러분이 더욱 똑똑해질수록 의심도 똑똑해지니까 이는 완벽하게 말이 됩니다. 사실 의심이 많으면 가장 큰 장애가 될 수 있는데, 우리들의 시간을 너무 많이 빼앗기 때문입니다. 설상가상으로 연속적인 자기 비난의 상태에 갇힌 자신을 발견할 가능성이 큽니다. 우리의 관심을 정견에서 멀어지게 하는 것은, 인과와 업의 법칙에 대한 확신을 잃게 하는 원인이고 연기, 공성, 삼보의 궁극의 진리에 대한 믿음을 좀먹는 것입니다.

의심은 수많은 방법으로 마음에 침입합니다. 여러분은 수백 가지의 수행을 마쳤지만, 자신의 건강이 여전히 그렇게 좋지 않은지 궁금해 한적이 있는지요? 혹은 만약 부처님들께서 전지하다면 HIV(인간 면역 결핍 바이러스)/에이즈, 가난이나 테러 등을 막지 않으실까요? 그분들은 아무런 힘이 없는 걸까요? 다음 생이 진짜 있을까요? 우리 중 누구에게 불성이 있을까요? 이런 많은 의심은 단순히 가르침을 듣는 것만으로도 해소될 수 있습니다. 그러나 자기 확신을 기르기 위해 대부분의 사람들은 인명학因明學이나 논리와는 아무런 관련이 없는 영감을 필요로 합니다.

우리는 32상 80종호를 구족하신 부처님께 윤회계에 남아 주시길 요청 드리는 것이 아닙니다. 모든 부처님들과 보살님들의 위대한 공덕과 가르침의 화현이며, 다른 이들에게 영감의 원천인 분들께 청하는 것입니다. 비논리적이거나 비현실적이라도, 우리에게 용기를 주고 격려가 되는 모든 현상과 불사를 청하며, 그 불사가 이 세상에 계속되길 기원합니다.

열반에 드시려는 부처님께
두 손 모아 간구하오니
이 눈먼 중생을 남겨 두지 마시고
영겁토록 머무시길 비옵니다.[12]

회향지 回向支

마지막으로 우리는 자신의 수행과 선업으로 쌓인 자량이 낭비되지 않도록 반드시 회향해야 합니다. 궁극의 행복과 깨달음을 향한 자량의 회향은 자량을 안전하게 유지할 뿐만 아니라 은행에 저축한 돈에 이자가 쌓이듯이 계속해서 증식할 것을 보장합니다. 이렇게 우리의 선행은 깨달음으로 가는 길이 됩니다. 우리가 즉시 회향하지 않으면, 갑작스런 분노나 극단적인 악업이나 번뇌에 의해 쉽게 없어져 버립니다.

이와 같이 행한 모든 것에서
제가 쌓은 모든 공덕
이것으로 일체 중생의 모든 고통이

완전히 가셔지기를 비옵니다.

이 세상의 중생에게 병이 있는 한

병에서 완전히 나을 때까지

저는 약과 의사와

그들의 간병자로 남기를 바라옵니다.

먹을 것과 마실 것의 비가 되어

굶주리고 목마른 자의 고통을 없애 주며

길고 긴 기근의 시절에도

제가 중생의 먹고 마실 것이 되게 하소서.

절망하고 가난한 중생에게

제가 다함이 없는 제물이 되고

그들에게 필요한 여러 가지 도구가 되어

그들 곁에 항상 머물게 하소서.[13]

공양물

공양수는 여러분들이 사원이나 법당을 돌아볼 때 많이 볼 수 있습니다. 물은 삶의 필수품이며 정화의 상징이기에 공양수는 매우 인기 높은 공양물입니다.

공양을 올릴 때 반드시 지녀야 할 마음가짐은, 공양에 대해 집착이 없어야 하며 소유물을 보낼 때 아무런 후회가 없어야 합니다. 마음은 변덕이 심합니다. 여러분이 아무리 유익한 행을 하더라도, 월말이 되어 은행 잔고를 정리할 때 1만 개의 등불 공양을 올린 것에 대해 5천 개로 제한했더라면 하는 후회가 순간 일어날 수 있습니다. 그에 비해 물은 저렴하고 후회할 확률이 훨씬 적으니 공양물로 추천할 만합니다.

존재하는 모든 꽃과 과일과

갖가지 약초와

세상에 있는 모든 귀한 보석과

또 세상의 맑고 향기로운 청정수를 공양 올립니다.[14]

등불 공양 또한 영적인 상징이기에 인기가 좋은 공양물입니다. 부처님의 가르침을 따르는 이유는 우리가 깨달음을 얻기를 염원하기 때문이지만, 우리의 마음을 길들이거나 훈련시켜야만 일어납니다. 빛은 주변을 밝힘으로써 다른 것을 볼 수 있게 하고 또한 스스로를 밝힙니다. 마찬가지로 마음은 다른 사람을 알 뿐만 아니라 스스로를 압니다. 이런 이유로 등불이나 촛불은 물질세계에서 우리가 가지고 있는 물질 중 마음에 가장 가깝게 닮았기 때문에 마음을 나타내는 데 사용되어 왔습니다. 어떤 물질이건 어둠을 몰아내는 힘이 있는 것은 공양물로 사용할 수 있습니다.

황금빛 연꽃 봉우리를 차례로 엮고

가없는 보석의 등불도 올리오리다.

대지를 고르고 향으로 발라서

거기에 향기로운 꽃잎을 흩어 뿌리오리다.[15]

만다라 공양

만다라는 우주 전체와 그 안에 있는 모든 것을 가장 순수한 형태로 상징합니다. 우리는 지구, 물, 산, 강, 도시 등과 같이 마음이 이해할 수 있거나 상상할 수 있는 모든 것뿐만 아니라 이 세상의 모든 재산과 천신계와 아수라계도 공양 올릴 수 있습니다. 금이나 다이아몬드 같은 귀한 모든 것을 올리고, 코끼리와 같은 힘, 쿠샤 풀*이나 요구르트와 같은 길상한 것을 공양 올리세요. 전통적으로 티벳에서 공양 의식을 할 때에는 만다라 판을 사용하고 그 위에 쌀, 보석 등을 올리는데, 단순히 쌀을 뿌려도 되고 더 좋은 것은 꽃잎을 뿌리는 것입니다. 그렇게 할 때 아래의 기도문을 염송하거나 아니면 여러분들이 좋아하는 만다라 공양 기도문을 해도 무방합니다.

대지에 모든 향, 도향, 꽃을 뿌리고
수미산과 사대주, 해와 달을 장엄하여
불국토를 관상하여 공양 올리니
일체중생이 정토를 누리게 하소서!**16**

땀 구루 라트나 만달라 뿌자 메가 사무드라 사빠라나 사마예 아 훙**

---

* 부처님께서 무상보리를 증득하실 때 이 풀 위에 앉아 계셨다. 그런 이유로 특별한 상징이 되었고 불교의식에 많이 사용된다.

보살이란?

보살이란 가명은 인상적이지만, 과거의 위대한 보살들의 행에 대해 들으면 조금 버겁게 들릴 수 있습니다. 우리와 같은 사람들은 이러한 보살행이 어렵게 들리는 것뿐 아니라 사실상 모방하는 것조차 불가능해 보입니다. 그러나 실제로 보살이란 의미는 부처의 '자녀'나 '후계자'를 뜻합니다. 합격해야 하는 시험이나 시행해야 하는 위험한 실험이나 성취하지 못하는 과제가 있는 것이 아닙니다. 보살이 되기 위해 여러분이 해야 할 일은 개인적으로 모든 존재가 완전한 깨달음을 얻기를 진심으로 염원하는 것입니다. 그렇게 어려운 일일까요? 그리고 성스러운 형상 앞에서, 부처님의 성지 중 한 곳에서 이러한 발원을 하기에 더 좋은 곳이 있을까요? 그러니 보살 서원을 하는 것으로 각 성지에서의 여러분의 시간을 최대로 활용하세요. 샨티데바는 이렇게 썼습니다.

보리심을 일으키면

** 이 기도문은 티송 데첸 왕이 구루 린포체께 청법할 때 처음 올렸던 기도문이다. 1,200여 년 동안 스승께 지성을 다해 올리는 공양 기도문으로 티벳 불교에 전해져 내려오고 있다.

윤회의 쇠사슬에 얽매인 가련한 자도

보살이라 불리며

세간의 천신과 사람들이 함께 받듭니다.[17]

무섭고 큰 죄를 지은 자라도

보리심에 의지하면 찰나에 그 업을 벗습니다.

용맹하게 보리심을 일으키면 모든 공포가 사라지니

의식이 있는 자라면 어찌 이것에 의지하지 않겠습니까?[18]

우리 모두가 불완전하고, 오염되었고, 윤회계에 중독되었다고 생각하더라도, 극히 드물게 적어도 약간의 좋은 생각은 가지고 있을 겁니다. 샨티데바는 이렇게 썼습니다.

마치 구름 낀 칠흑같이 어두운 밤

순간 번개의 섬광이 모든 것을 드러내듯

이처럼 한때 부처님의 위신력威信力으로

이 세상 복과 지혜는 잠시 생겨납니다.[19]

일시적이나마 선한 생각은 보리심의 씨앗입니다.

보살 서원을 하는 순간, 마음속에서 선한 생각이 자연스럽게 일어나지 않는다면, 가짜로라도 만드십시오! 하나를 만든 후 자신이나 혹은 진심이 아닌 여러분의 거짓 생각을 경멸하지 마세요. 비록 거짓의 선한 생각이지만 아무것도 하지 않는 것보다 낫습니다. 그리고 인위적인 선한 생각이 결국 진정한 생각으로 이어진다는 것을 항상 기억하세요.

보리심은 특정 상황에서 인간의 마음속에서 발생할 수 있는 사랑과 연민, 자비입니다. 그렇게 될 때 말할 수 없이 아름답습니다. 이 아름다운 마음을 불러일으키는 조건과 상황에는 많은 자량이 필요합니다. 그러니 귀의와 칠지 기도로 쌓인 자량으로 여러분은 이제 보살계와 보살 수행을 할 완벽한 위치에 있습니다.

어쩌면 이번이 이 성지에 있을 수 있는 유일한 시간일지 모르니 기회를 헛되이 보내지 마십시오! 여러분의 스승이나 성인 앞에서 서원을 할 필요는 없지만, 만약 주변에 승려, 라마, 증인으로서 자격을 갖춘 재가 수행자가 있다면 모든 수단을 동원해서 그분들 앞에서 서원을 하세요. 여러분은 또한 성스러운 형상 앞에서 서원을 할 수도 있습니다. 티벳인들은 라마나 승려로부터 서원을 받았다고 하지만, 실제로 보면 서원을 하는 사람은 바로 여러분이라고 합니다.

대부분의 성지에는 불상과 법본과 같은 성물들로 가득합니다. 이 모든 불보살들의 성스러운 형상 앞에서 귀의를 하고 보살 서원을 하는 것은 매우 좋은 생각입니다.

보살 서원

공양 올리기

우선 꽃, 향, 등불을 공양 올립니다. 꽃은 땅에 심어져야만 자랄 수 있습니다. 그런 다음에야 꽃으로 필 수 있는 싹이 틉니다. 이는 수행자들 마음속 보리심에 증장에 관한 좋은 비유입니다. 보리심의 씨앗이 마음 안에 피게 하기 위해 여러분들은 우선 자량의 대지에 이를 심어야 합니다. 실질적으로 말해서 가장 중요한 요소는 원보리심願菩提心*입니다. 지금 이 순간부터 남은 인생과 하는 모든 일들이 일체중생의 깨달음의 성취를 목표로 할 것이라고 스스로 다짐하세요.

---

* 자신뿐만 아니라 다른 모든 사람들을 위한 깨달음을 바라는 마음.

보살 서원

이제 샨티데바의 『입보리행론』의 다음 게송을 읽으세요.

과거의 모든 부처님이

보리심을 일으키고

보살들의 학처學處에

그들이 차례로 머무신 것처럼

이와 같이 중생을 위하여

보리심을 일깨워서

보살의 학처를 따르며

그와 같이 차례로 배우겠나이다.[20]

이 게송을 한 번 해도 좋고 시간이 된다면 많이 염송하고 그 의미를 숙고하세요. 만약 "나는 절대 보살이 될 수 없을 거야! 나는 굶주린 호랑이에게 사지를 잘라 줄 수 없을 것 같아!"라고 생각한다면, 샨티데바께서 '단계에 따라 자신을 인내하고 훈련할 것'이라고 했듯이, 낙담하지 마시길 바랍니다.

　이제 보살 서원을 했으니 진정으로 가치 있는 일을 한 것을 자축하세요. 방금 한 일은 스스로를 극도로 행복하게 할 것입니다. 자신의 행동을 가치 있게 여기고 용기를 얻도록 하십시오. 서원을 한 기억으로 여러분의 기분이 고무적이 되도록 하세요. 오늘 여러분이 기뻐해야 하는 모든 이유를 끊임없이 기억하세요. 샨티데바의 글이 도움이 될 것입니다.

이와 같이 지혜를 갖추어

지극한 보리심을 지니고

행하고 또한 넓게 증장시키기 위하여

마음을 이렇게 북돋아 찬탄합니다.

이제 나의 삶은 열매를 맺고

사람으로 태어나 보람 있는 존재가 되었으며

오늘 부처님의 종성種姓으로 태어나서

지금은 보살이 되었습니다.

오늘부터 저는 무엇을 하든

종성의 가문에 맞는 일을 할 것이며

허물없고 고상한 이 가문을

더럽히지 않도록 그와 같이하겠나이다.

소경이 쓰레기 더미 속에서

보석을 찾은 것처럼

그와 같이 우연히도

이 보리심이 나에게 생겨났습니다.

중생의 죽음을 부수는

최상의 감로 또한 이것이며

중생의 가난을 없애고도

줄지 않는 재산 또한 이것입니다.

중생의 병을 완전히 없애 주는

약 또한 이것이며

윤회의 길에서 헤매다 지친

중생의 피로를 풀어 주는 푸른 나무입니다.

모든 중생을 악도에서

건너게 하는 받침대이며

세상의 번뇌 열을 식혀 주는

마음의 달이 솟은 것입니다.

중생의 짙은 무명을

깨끗이 닦아 내는 커다란 태양이며

정법의 우유를 휘저어서

버터의 정수를 뽑아낸 것입니다.[21]

이제 자신을 보살로 고귀하게 만들었으니, 그것이 가져다주는 확신과
환희심은 이제 여러분이 일체중생에게 자신의 새로운 자아를 선언할 수
있다는 것을 의미합니다.

윤회의 길을 떠나 여행하는 중생이

안락하고 즐거운 삶을 바라는 것처럼

이것은 그들을 최상의 행복에 머물게 하며

중생의 여행에 큰 만족을 주는 것입니다.

제가 오늘 모든 보호자의

눈앞에 중생과 선서 자체 사이에

안락한 손님으로 초대하나니

천신天神과 비신非神들이 기뻐하리라.[22]

사무량심四無量心*

이 수행에서 여러분은 일체중생이 언제나 행복하고 고통에서 자유롭

기를 기원합니다. 더욱 중요한 것은 그들이 언제나 행복의 원인, 고통으

---

* 일체중생에 대하여 일으키는 네 가지 마음. 1. 자무량심慈無量心. 일체중생이 행복과
행복의 인因을 갖추길 기원하는 마음. 2. 비무량심悲無量心. 일체중생이 고통과 고통
의 인을 여의기를 기원하는 마음. 3. 희무량심喜無量心. 일체중생이 고통이 없는 위
없는 행복을 여의지 않기를 기원하는 마음. 4. 사무량심捨無量心. 일체중생이 행복
과 고통에 대한 집착을 여읜 대평등심에 머물기를 기원하는 마음.
〈티벳어 사무량심 기도문〉
샘젠탐제데와당 데외규당 댄빨귤찍
(일체중생이 행복과 행복의 인因을 갖추기를 기원합니다.)
둥앨당 둥앨기규당 댈왈귤찍
(일체중생이 고통과 고통의 인을 여의기를 기원합니다.)
둥알 메베데와담빠당 미데왈귤찍
(일체중생이 고통이 없는 위없는 행복을 여의지 않기를 기원합니다.)
네링착당니당 댈외 땅뇸첸보라 네빨귤찍
(행복과 고통에 대한 집착을 여읜 대평등심(捨)에 머물기를 기원합니다.)

로부터의 자유를 누릴 것이고 언제나 행복으로부터 분리되지 않기를 염원하는 것입니다. 마지막으로 일체중생이 분별에서 자유롭기를 기도합니다. 예를 들어 친구와 적을 분별하지 않고 대신 대평등(捨無量心)을 수행합니다. 대평등의 수행은 진제(승의) 보리심과 매우 가깝습니다.

통렌(자타 교환) 수행

만약 여러분이 시간이 있다면 통렌 수행을 할 수 있습니다. 들숨에 일체중생의 고통과 불안을 흡수한다고 관상하고 날숨에 여러분의 행복, 기쁨, 사랑과 지혜를 모두에게 보낸다고 관상하세요.

나의 몸과 써야 할 모든 것과
삼세에 쌓아 올린 모든 선업까지도
모든 중생의 성취를 위해서라면
아낌없이 모두 다 주겠나이다.[23]

행보리심과 승의보리심 수행

여러분의 순례와 자신이 올린 물공양, 등불공양, 향공양의 모든 공양물을 보리심*을 행동으로 옮기는 첫걸음으로 간주하여 이제 여러분은 행보리심을 수행할 수 있습니다. 만약 여러분이 진제 보리심 수행법을 받았다면, 지금 하면 되고, 그렇지 않다면 『반야심경』을 독송하세요.

마하반야바라밀다심경摩訶般若波羅蜜多心經

(Prajnaparamita Hrdaya Sutra)

觀自在菩薩 行深般若波羅密多時 照見五蘊皆空 度 一切苦厄

관자재보살 행심반야바라밀다시 조견오온개공 도일체고액

舍利子 色不異空 空不異色 色卽是空 空卽是色 受想行識 亦復如是

---

* 보리심은 진제眞諦와 속제俗諦의 두 측면이 있다. 진제의 보리심(승의제 혹은 승의보리심 이라고도 한다)은 각각의 존재에 내재된 불성佛性을 인식하는 것이다. 그리고 모든 현상의 자성自性이 공空함을 깨달은 이들만이 알 수 있다. 속제의 보리심은 두 가지 측면으로 나누어져 있다. 그 두 가지는 원보리심願菩提心과 행보리심行菩提心이다. 원보리심이란 일체중생을 위하여 깨닫고자 발원하는 것이고, 행보리심이란 그 원을 육바라밀 수행을 바탕으로 실행에 옮기는 것이다. 즉 원보리심은 목표를 정하는 것이고, 행보리심은 실제 목표를 달성하는 것이다. 대승의 핵심은 윤회계가 존재하는 한 자신만을 위함이 아닌 일체중생을 위한 원보리심과 행보리심이다.

사리자 색불이공 공불이색 색즉시공 공즉시색 수상행식 역부여시

舍利子 是諸法空相 不生不滅 不垢不淨 不增不減 是故 空中無色

사리자 시제법공상 불생불멸 불구부정 부증불감 시고 공중무색

無受想行識 無眼耳鼻舌身意 無色聲香味觸法 無眼界 乃至 無意識界

무수상행식 무안이비설신의 무색성향미촉법 무안계 내지 무의식계

無無明 亦無無明盡 乃至 無老死 亦無老死盡

무무명 역무무명진 내지 무노사 역무노사진

無苦集滅道 無智 亦無得 以無所得故 菩提薩陀 依般若波羅密多

무고집멸도 무지 역무득 이무소득고 보리살타 의반야바라밀다

故心無罣碍 無罣碍故 無有恐怖 遠離顚倒夢想 究竟涅槃

고심무가애 무가애고 무유공포 원리전도몽상 구경열반

三世諸佛依般若波羅密多 故得阿耨多羅三藐三菩提 故知般若波
羅密多

삼세제불의반야바라밀다 고득아뇩다라삼먁삼보리 고지반야바라밀다

是大神呪 是大明呪 是無上呪 是無等等呪 能除一切苦 眞實不虛

시대신주 시대명주 시무상주 시무등등주 능제일체고 진실불허

故說般若波羅密多呪 卽說呪曰

고설반야바라밀다주 즉설주왈

揭諦揭諦 波羅揭諦 波羅僧揭諦 菩提 娑婆訶 (세 번)

아제아제 바라아제 바라승아제 모지 사바하

마하반야바라밀다심경(한역본 한글역)*

관세음보살이 큰 지혜로 저 깨달음의 언덕에 이르는 깊은 수행을 하실 때에, 모든 존재를 이루고 있는 다섯 가지 구성 요소인 물질과 느낌, 생각, 의지, 인식작용은 모두 고정된 실체가 없이 텅 빈 것임을 훤히 비추어 보시고 모든 괴로움과 불행에서 벗어나셨다.

사리불이여! 물질은 텅 빈 본질과 다르지 않고, 텅 빈 본질은 또한 물질과 다르지 않다. 그래서 물질은 곧 텅 빈 본질이며, 텅 빈 본질은 곧 물질인 것이다.

느낌, 생각, 의지, 인식작용도 역시 물질처럼 고정된 실체가 없이 텅 빈 것이다. 사리불이여! 이처럼 모든 일체 법이 텅 빈 것이며, 생겨나는 것도 없고 없어지는 것도 없다. 더러운 것이나 깨끗한 것도 없고 늘어나거나 줄어드는 것도 없다.

---

* 번역: 허정훈 2015년. 한국 위키백과사전 자료를 참고하여 수정 번역함.

그래서 텅 빈 본질은 물질적 형상이 없으며 느낌이나 생각, 의지, 인식작용도 없다. 또한 눈과 귀와 코와 혀 그리고 몸은 물론이고 의식조차도 없다. 눈에 보이는 것과 소리, 냄새, 맛, 몸으로 느끼는 감촉도 없고 의식으로 분별할 대상도 없다. 눈으로 보는 세계도 없고 의식의 세계도 없다. 어리석은 착각으로 가려진 어둠도 없고, 그 어둠이 다함도 없다. 늙고 죽는 것도 없으며, 늙고 죽는 것이 다함도 없다. 괴로움도 없고 괴로움의 원인인 집착도 없고 괴로움의 소멸도 없으며 그 괴로움의 소멸에 이르는 길도 없다. 깨달음도 없고 얻을 것도 없다.

아무것도 얻을 것이 없는 까닭에 보리살타는 반야바라밀다에 의지하므로 마음에 걸림이 없다. 마음에 걸림이 없으니 두려울 것이 없고, 뒤집어진 헛된 생각으로부터 멀리 벗어나 완전한 열반에 이르게 된다. 과거 현재 미래의 모든 부처님들도 저 열반의 언덕으로 가는 지혜인 반야바라밀다에 의지하여 최상의 깨달음을 이루셨다.

그러므로 반야바라밀다를 잘 알아야 한다. 이것은 가장 큰 신비로운 주문이며 가장 밝은 주문이다. 이보다 더 높은 주문은 없으며 이와 비교하여 견줄 만한 주문도 없다. 모든 괴로움을 완전히 없애주는 진실하고 거짓 없는 주문이다.

이제 반야바라밀다 주문을 말하노라.

아제아제 바라아제 바라승아제 모지 사바하.

(가자 가자 피안으로. 피안으로 아주 가자, 영원한 깨달음으로.) (세 번)

마하반야바라밀다심경(티벳어본 한글역)*

성스러운 삼보에 예경 올립니다.

이와 같이 내가 들었다. 한때 세존께서 왕사성 영축산에서 비구 대중과 보살 대중과 함께 머무셨다. 그때 부처님께서 '심오함과 현현'이라는 삼매에 들어가셨다. 또한 그때 보리를 향한 큰마음을 갖춘 관자재보살께서는 반야바라밀의 깊은 행을 확실하게 관찰하시고, 오온五蘊조차도 모두 자성이 공함을 명확히 보셨다.

그러자 붓다의 위신력으로 장로 사리자는 보리를 향한 큰마음을 갖춘 관자재보살에게 이와 같이 여쭈었다. "선남자 혹은 선여인 누구든 반야바라밀의 깊은 행을 수행하고 싶은 사람은 어떻게 배워야 합니까?" 이렇게 여쭈었을 때 보리를 향한 큰마음을 갖춘 관자재보살이 장로 사리자에게 이와 같이 말씀하셨다.

---

* 참고: 삼학사원 주지 게셰 텐진 남카 역 원용.

"사리자여! 선남자 혹은 선여인 누구든 반야바라밀의 깊은 행을 수행하고 싶은 사람은 이와 같이 명확히 알아야 한다. 오온조차도 모두 자성이 공空함을 명확히 알아야 한다. 색色은 공한 것이고, 공성은 색이다. 공성은 색과 다르지 않으며, 색은 공성과 다르지 않다. 이와 같이 수受, 상想, 행行, 식識 모두 공한 것이다. 사리자여! 그렇기에 모든 법은 오직 공하여 무상無相이며, 무생이며, 무멸이다. 더러움이 없고, 더러움에서 벗어남이 없으며, 줄어듦이 없고, 늘어남이 없는 것이다. 사리자여! 그러므로 공성에는 색色이 없고 수受가 없고, 행行이 없으며, 식識이 없는 것이다. 눈이 없고, 귀가 없고, 코가 없고, 혀가 없고, 몸이 없고, 마음이 없는 것이다. 형상이 없고, 소리가 없고, 냄새가 없고, 맛이 없고, 촉감이 없고, 마음의 대상이 없는 것이다.

안계眼界부터 식계識界까지 없고, 안식계眼識界부터 의식계意識界까지도 없다. 무명無明이 없고, 무명이 다함도 없는 데서부터, 늙음과 죽음이 없고, 늙음과 죽음이 다함까지도 없다. 이와 같이 고苦, 집集, 멸滅, 도道가 없으며, 지혜가 없고, 얻음이 없고, 얻지 못함도 없는 것이다. 사리자여! 이렇게 보살들은 얻음이 없기 때문에 반야바라밀에 의지하여 머물며, 마음에 장애가 없기 때문에, 두려움이 없어, 전도

됨에서 완전히 벗어나 열반의 궁극에 도달한다. 삼세의 모든 붓다께서도 반야바라밀에 의지하여, 위없는 바르고 원만한 깨달음을 확실하고 완벽하게 성취하셨다. 그러므로 반야바라밀의 만트라, 위대한 깨달음의 만트라, 위없는 만트라, 비할 데 없는 것과 동등한 만트라, 일체의 고통을 완전히 멸하는 만트라는 거짓이 아니므로 진실임을 알아야 한다. 반야바라밀의 진언을 말한다.

떼야타 가떼가떼 빠라가떼 빠라상가떼 보디 스와하.

사리자여! 보리를 향한 큰마음 갖춘 보살은 이와 같이 깊은 반야바라밀을 배워야 한다.” 그때 세존께서 '심오함과 현현'의 삼매에서 일어나 보리를 향한 큰마음 갖춘 관자재보살에게, “훌륭하다!”고 칭찬의 말씀을 하셨다. “훌륭하고 훌륭하다! 신남자여! 그대가 말한 것과 같이 깊은 반야바라밀을 수행해야 한다. 그처럼 수행하면 모든 여래들도 수희찬탄할 것이다.” 세존께서 이와 같이 말씀하시자 장로 사리자와 보리를 향한 큰마음을 갖춘 관자재보살과 모든 권속들과 천신과 인간과 아수라와 건달바를 포함한 세계가 함께 기뻐하며, 세존께서 말씀하신 것을 찬탄하였다.[24]

『반야심경』을 읽는 것은 비유하자면 진제 보리심 수행의 애피타이저와 같은 것입니다. 이제 앉아서 오고 가는 생각을 분별없이 지켜보세요.

성지에서의 육바라밀 수행

자량의 집적을 위한 헤아릴 수 없는 다른 방편들이 있습니다. 예를 들어 보겠습니다.

- 공공 도로와 다리를 재정적으로 후원하거나 직접 수리한다.
- 가난한 사람들에게 돈과 음식, 쉼터를 제공한다.
- 낯선 사람에게 정보를 제공한다. 심지어 미소까지 짓는다.
- 삼보(불법승)를 떠올린다.
- 서원을 한다.
- 사랑, 연민, 진리를 숙고한다.
- 인내를 수행한다.
- 지혜를 닦는다.

이 모든 방편은 부처님께서 직접 추천하셨습니다. 올바른 동기로 이러한 방편 중 일부 또는 전부를 수행하면 헤아릴 수 없는 선업의 열매를 맺을 것이라고 했습니다. 그러나 재가자들은 보시바라밀, 지계바라밀, 인욕바라밀에 초점을 맞추는 것이 가장 좋습니다.

보시布施바라밀

보시바라밀은 돈이나 공간, 보호 등을 포함한 물질을 다른 사람에게 주는 것과 관련된 모든 행을 의미합니다. 순례자들은 꽃과 향 등을 보시할 수 있습니다.

지계持戒바라밀

계율은 언제나 남을 해치지 않고 많은 자량을 축적합니다. 가능하다면 남을 해치지 않는 것 외에 적극적으로 남을 돕고자 노력하세요. 지계바라밀은 건강을 지키기 위해 금연, 파스타 먹지 않기, 위스키를 많이 마시지 않기 등으로 국한 지어선 안 됩니다. 그러나 순례자들은 순례를 하는 동안 육식을 하지 않고 술을 마시지 않는 서원을 하는 것은 매우 좋은 발상입니다.

인욕忍辱바라밀

샨티데바에 따르면, 인욕바라밀은 자량을 쌓는 가장 빠르고 강력한 방법입니다. 특히 인도에서 순례자들은 언제나 인욕바라밀을 수행할 수 있는 기회가 많습니다. 가장 효과적인 방법 중 하나는 만나는 모든 이들을 보살이라고 생각하는 것입니다. 살펴보는 것만으로 그들이 진정 보살이나 부처인지 말하는 것은 불가능하니까 분별하지 마세요.

또는 여행 계획에 차질이 있을 때 어쩌면 인도에서 늘 일어나는 버스나 기차가 연착되었을 때 이렇게 생각해 보세요. '만약 내가 이 사소한 일에도 인내심이 충분하지 않다면 어떻게 지옥의 불을 견딜 수 있을까?'

순례하는 동안 사원을 방문하면 육바라밀을 수행할 수 있는 많은 기회가 있습니다.

- 보시바라밀: 형편 되는 만큼 보시한다.
- 지계바라밀: 관심을 끌거나 과시하기 위해서나 세속적인 이유 없이 겸손하게 공양을 올린다.
- 인욕바라밀: 의도하는 것보다 더 많이 바치도록 여러분을 괴롭히는 사원의 관리자들에게 악의를 품지 않는다.

- 정진바라밀: 환희심으로 공양을 올린다.

- 선정바라밀: 공양을 올리는 동안 자신의 허영심, 불안, 자만 등으로 산란하면 안 된다.

- 지혜바라밀: 크거나 작거나 여러분이 올리는 모든 공양물은 모두 꿈이나 환영에 불과하다고 생각하라.

발원 수행

조금 투박한 표현이긴 하지만, 초심자로서 우리가 무엇을 하든 그 수행의 길은 언제나 '믿는 척하는 것'입니다. 불교에는 출리심出離心, 신심, 연민 등과 같이 수많은 수행의 길이 있지만 이 모든 길을 체험한다는 것은 극도로 어렵습니다. 과거의 위대한 성취자들은 강한 발원으로 시작하면 언젠가 진정한 출리심, 신심, 연민 등을 느끼게 된다고 조언했습니다. 이렇게 함으로써 여러분은 엄청난 자량을 쌓을 수 있습니다.

어떤 할머니가 부자 상인이 부처님과 그의 모든 권속들을 초청하여 호화로운 점심 식사에 초대하는 것을 보았습니다. 아름답게 장식된 테이블, 황금 접시와 수백 가지의 정갈한 음식들을 보면서 언젠가 자신도 이런 공양을 올리고 싶다는 발원을 했습니다. 궁핍한 생활을 하는 그녀로서는 그 발원을 위해 쓸 돈이 없지만, 그녀의 소망과 발원 자체는 헤아릴 수 없는 자량이 있다고 합니다.

　발원 수행은 공성의 본성을 이해하는 지혜를 갖지 못하고 결과적으로 시간, 공간, 방향, 양, 질에 영향을 받는 우리들에게 맞춰져 있습니다. 이는 특히 일체중생의 깨달음이 가능하다고 믿을 수 있는 제한적인 존재들에게 유용합니다. 세간적인 차원에서 한 사람을 돕는 것은 우리들을 빨리 지치게 합니다. 그러니 일체중생을 항상 그리고 영원히 돕겠다는 발상은 매우 기이하고 시적인 환상이 될 수도 있습니다. 그런데 이는 매우 근시안적인 견해입니다! 왜 근시안적인가요? 우리에게 지혜가 부족하기 때문입니다.

　『반야심경』에 수년간 보살도를 따르려 애쓰다가, 깨달음을 얻는 데 얼마나 오랜 시간이 걸리는지와 아직 깨닫지 못한 무한한 중생들에 대해 생각할 때 좌절감을 느끼는지에 대해 부처님께 불만을 토로하는 한 보살의 이야기가 있습니다.

　부처님께선 하나의 이야기를 비유로 드셨습니다. 한 어머니가 꿈을 꾸는데 그녀의 외아들이 빠른 물살의 강물에 떠내려가는 꿈입니다. 그녀는 고뇌와 절망 속에 완전히 무력하지만, 자신의 안녕과 안전을 떠나 아이를 구하려면 무엇이라도 할 용의가 있습니다. 심지어 아이를 구하기 위해 자신의 목숨까지 기꺼이 희생할 의지가 있죠. 그녀에게 시간이 얼마나 걸리는지는 전적으로 상관이 없고 고생은 고려의 대상조차 아닙니다. 궁극적으로 그녀의 힘과 굳센 결심은 결국 강에 빠진 아이를 구했습니다. 그녀가 꿈에서 깨어나자 견뎌야 했던 모든 고통과 그녀가 애썼던 엄청난 노력 그리고 아이를 구하기 위해 들였던 시간은 존재하지 않았습니다. 게다가 아이를 구했다는 생각조차도 환영입니다.

우리는 아직 윤회계의 환영의 본성을 깨닫기 위한 지혜가 부족하므로 우리의 세상과 사람들이 실제이고 영원하며 진정으로 존재한다고 생각합니다. 그 결과 우리 대부분은 완전히 압도되었고 일체중생을 깨달음으로 이끌겠다고 시도하는 도전에 맞설 용기를 낼 수 없습니다. 그렇지만 우리는 발원하기에 충분한 자량이 있고, 보살도를 따라 가기를 간절히 바랄 수 있습니다. 그렇다면 어떻게 시작해야 할까요? 불가능한 임무라고 판명될 것이 확실한 일을 어떻게 시작해야 좋을까요? 불도의 다른 모든 것과 마찬가지로 우리는 우선 올바른 동기를 일으키고 발원으로 이를 강화시켜야 합니다. 순례 중에 다른 일을 하지 않더라도 발원하는 기도문을 계속해서 염송하십시오.

보호자 없는 자에게는 보호자가 되며

길 떠나는 이들의 안내자가 되고

강을 건너려는 이들의 배가 되고

뗏목이 되고, 다리가 되게 하소서.

섬(의지처)을 구하는 이에게 섬이 되고

빛을 찾는 이에게 등불이 되며

쉼터를 구하는 이에게 쉼터가 되고

도움이 필요한 이들에게 도우미가 되게 하소서.

제가 여의주와 풍요의 보배병寶瓶이 되고

성취의 진언과 영험한 약이 되며

소원을 들어주는 여의수如意水와 여의우如意牛가 되어

중생이 원하는 것은 모두 다 이루어지게 하소서.

대지地大와 그 밖의 원소들四大이 되며

허공처럼 언제나 무수한 중생을 위해

여러 가지 방법으로

그들 생존의 바탕이 되게 하소서.

그와 같이 허공 끝이 다하도록

유정 세계에 대하여 항상

모든 중생이 열반을 얻을 때까지

제가 그들 생존의 원인이 되게 하소서.[25]

위대한 롱첸빠는 아기 새들은 날개가 작고 아직 힘과 민첩성이 생기지 않아서 날지 못한다고 했습니다. 마찬가지로 우리들은 전지자全知者 없이 다른 사람들을 돕기가 어렵습니다. 그러므로 당분간은 조용하고 평화로운 곳에서 자신만의 수행과 깨달음을 생각해야 하고, 가능한 많은 존재들에게 이익이 되겠다는 강한 발원을 하세요. 이는 속제의 보리심과 다를 바가 없습니다.

행보리심行菩提心은 보살이 타인을 돕는 행을 하는 것입니다. 그러므로 행보리심은 '보살의 행'이라 할 수 있습니다. 현실적으로 우리 대부분은 예를 들어 반려자, 자녀, 부모 등 한 명의 소원을 매일 충족시키기도 어렵습니다. 언제나 일체중생을 도우려 노력하는 보살의 놀라운 이타행은 우리 대부분이 행동하기는커녕 생각하는 것조차 버겁습니다. 만나는 모든 이에게 무한대로 관대하고, 완벽하게 계율을 지키며, 지칠 줄 모르게 인내하는 것 등을 상상할 수 있겠습니까?

우리가 듣는 많은 보살의 이야기는 유니콘에 대한 동화나 잃어버린 아틀란티스의 전설과도 같습니다. 부처님께서 보살로 살았던 500생 중 한 생에 굶주린 암호랑이에게 자신의 육체를 내주어 새끼 호랑이들을 살린 이야기를 상상이나 할 수 있겠습니까? 이런 발상은 우리의 논리적이고 교육이 잘된 마음엔 맞지 않습니다. 우리의 이기심과 자기 집착은 너무 강해서 이런 무아의 행에 대한 이해를 차단해 버립니다. 생각해 보세요. 우리의 자녀, 반려자, 부모와 집을 버릴 수 있는지요? 아니죠, 상상도 할 수 없는 일입니다!

행보리심은 실제로 무척 어려울 수 있습니다. 반면에 원보리심은 상대적으로 쉽고 비용이 들지 않습니다. 그것만으로도 우리 같은 초심자들에게 훨씬 더 적합하고 안전하고 쉬운 방편입니다. 그리고 우리가 보살이 되길 염원하더라도 우리는 얻을 수 있는 모든 도움이 필요합니다.

발원이 수행에서 매우 중요하지만, 더욱 중요한 것은 무엇에 대한 발원을 하는가입니다. 초심자들은 이에 대해 다소 무지합니다. 무엇이 그들에게 좋은지 모를 뿐만 아니라 무엇이 나쁜지도 모릅니다. 정말로 필요한 것에 대해서도 완전히 무지합니다. 다행히 위대한 성취자들이 이

주제에 대해 유용한 조언을 주셨지요. 그것은 위대한 보살들을 모방하는 것입니다. 샨티데바는 이렇게 썼습니다.

시방의 허공 끝에 이를 때까지
중생의 모든 이익을 이루기 위해
문수사리께서 행하신 대로
저도 함께 따라 행하게 하소서![26]

발원에 대한 많은 기도문들이 과거의 숭고한 존재들에 의해 지어졌습니다. 그중 하나는 『화엄경』의 「보현행원품」입니다. 이는 최상의 발원문으로 간주되고 있습니다.

일체여래 부처님의 맏아드님은
그 이름도 거룩하신 보현보살님
보현보살 지혜행원 모두 이루고
제가 지은 온갖 선근 회향합니다.

시방삼세 많고 많은 불국토에서

지극정성 몸과 말과 마음을 다해
모든 지혜 이룩하신 보현보살님
보살께서 가신 길을 따르렵니다.

일체에 청정하온 보현의 행과
문수사리 법왕자의 모든 행원의
온갖 사업 남김없이 원만히 닦아
미래세가 다하도록 지치지 않고

미래세가 다하도록 힘들어 않고
미래세가 다하도록 지겨워 않고
보현보살 광대행원 모두 이루고
문수대원 빠짐없이 이루렵니다.

문수보살 용맹지를 모두 이루고
보현보살 지혜행을 모두 닦은 후
문수보현 따르면서 이룬 선근을
중생에게 하나하나 회향합니다.[27]

만약 다른 사람이 쓴 기도문을 읽는 것이 어색하다면, 자신만의 기도문을 만들거나 기존의 기도문을 약간 수정하여 본인이 읽기 편하게 해도 좋습니다. 예를 들자면 이렇습니다.

부처님의 가르침이 무엇이든,

내 안에 애씀 없이 들어오기를, 그리고

애씀 없이 이해되기를 발원합니다.[28]

이는 매우 중요한 발원입니다. 불법은 너무도 방대하고 심오하여 때로는 우리의 이해 너머에 있습니다. 교학 공부가 불법에 대한 이해를 증가시킨다고 대부분 믿지만, 궁극적인 이해는 오직 부처님의 가피를 통해서만 가능합니다. 불법을 이해하는 것은 나 자신의 깨달음을 위해서나 일체중생의 깨달음을 위해 모두 필요합니다. 그래서 우리는 불법의 이해가 우리 마음에서 애씀 없이 일어나기를 기도하는 것입니다.

무엇을 발원하는가

불법을 지식으로 이해할 뿐만 아니라 체험이 있기를 발원합니다.

단지 잘생긴 외모만이 아니라 지식과 정치적 영향력으로 중생들이 매료되고 끌어 당겨질 수 있도록 진제와 속제의 보리심이 구현되기를 발원합니다.

군중 속에서 여러분이 입은 눈에 띄는 밝은 색의 셔츠를 사람들이 살짝 보기만 해도, 그 결과로 그들의 마음에 불법의 씨앗이 심어지는 법연을 발원합니다.

불법이 계속해서 흥성하기 발원하고 일체중생의 해탈을 위한 노력에 장애가 없는 위대한 법의 계승자들이 많이 나타나기를 발원하세요.

여러분의 몸, 태도, 아이디어, 생각이 모두 어떻게 해서든 일체중생에게 이롭기를 발원하세요. 예를 들어 갑자기 주식 상태를 확인하고 싶은 충동이 인다면, 그 세속적인 생각이 성숙해져서 유익한 징후로 발현될지도 모릅니다.

세상을 보는 견해가 비현실적으로 장밋빛이고 불법을 이해하는 부유함을 박탈당할 것임으로 결단코 억만장자의 집에 태어나지 않기를 발원하세요. 동시에 미국, 중국, 러시아의 대통령이 되어, 그 직업에서 오는 힘을 능숙하게 이용하여 중생들에게 이익을 줄 수 있도록 발원하세요.

대도시의 지저분한 홍등가의 일원이 되어, 여러분이 알게 되는 모든 사람들의 마음속에서 보리심이 태어나기를 발원하세요.

불법 수행을 철저하고 완벽하게 수행하기를 발원하고, 수행을 시작하기에 적절한 때를 기다리지 않겠다고 기도하세요. 시간이 있으면 조용한 곳에서 수행하세요.

불법에 대한 지식을 쌓기를 원하기 때문에 이미 알고 있는 수행을 절대 미루지 않겠다고 발원하세요.

슬픔을 경험하기를 발원하세요.

여러분이 아무리 무지하더라도 언제나 올바른 방향으로 가길 발원하세요. 여러분이 의미 없는 욕망을 좇을 때, 그 욕망의 대상이 중생에게 이익이 되기를 발원하세요. 여러분이 이성을 잃을 때 자신의 행동에 당황하고 약간의 깨달음을 얻기를 발원하세요. 우울할 때 그 우울이 진리를 깨닫는 요인이 되기를 발원하세요.

그리고 무엇보다 중요한 것은, 언제나 발원하기를 발원하세요.

성지에서의 가짜 승려와 걸인

순례지는 순례자들만 끌어당기는 것이 아니라, 기회주의자들을 위한 자석이기도 합니다. 어디를 가든지 걸인들의 절단된 다리를 보게 될 것입니다. 하루가 끝날 무렵 이 가슴 아픈 절단된 부위는 때때로 걸인들이 귀가할 시간에 맞춰 다리가 기적적으로 돋아나기도 합니다! 여러분은 승복을 입은 사기꾼들도 많이 보게 될 것입니다. 이 모든 상황에 대해 어떻게 대처할지는 전적으로 본인에게 달렸습니다.

예를 들어 성지에서 걸인들에게 아무것도 주지 않기로 결정하고, 대신 먹을 것을 준다거나 안전을 지킬 기회가 적은 대도시의 최악의 거지들에게 남은 현금을 모두 줄 수 있습니다. 여성과 소녀들에게만 돈을 주는 것을 선택할 수도 있습니다. 그들의 삶은 남성들의 삶보다 훨씬 어렵기 때문이죠. 여러분은 어쩌면 돈을 주는 것보다 음식이나 옷을 주는 것을 선호할지도 모릅니다. 그래서 여러분의 돈이 마약이나 술을 사는 데 쓰이지 않았다고 확신할 수 있습니다. 여러분은 돈을 받을 자격이 있어 보이는 것에 관계없이 구걸하는 모든 이에게 돈을 주기로 결정할 수도 있습니다. 아니면 가난의 덫에 걸린 모든 사람들을 위해 진심 어린 기도를 할 수도 있습니다.

이는 모두 여러분에게 달려 있습니다. 자신의 상식을 이용하세요. 그러나 저는 우리가 만나는 걸인과 승려들이 진짜인지 아닌지를 구별하는 것이 매우 어렵다는 점을 강조하고 싶습니다.

부처님의 전생 중 보살이었을 때 사냥꾼을 승려로 착각한 적이 있었습니다. 그때 그는 사자였고 사프란색의 승복을 입은 승려들을 두려워할 필요가 없다고 진정으로 믿었죠. 그 교활한 사냥꾼은 사자에게 가까이 다가가 죽일 수 있는 유일한 목적을 위해 승려로 변장했고 그의 계략은 성공했습니다. 사자는 목숨을 잃었음에도 불구하고 노란색의 승복에 대한 죽지 않은 존경으로 높은 산과 같은 엄청난 자량을 쌓았습니다.

모든 면에서 불교가 퇴락하고 있다고 합니다. 수년간 전문적인 가짜 승려의 수가 실제 스님들보다 기하급수적으로 증가했습니다. 종종 이 가짜 승려들은 심지어 불자도 아닙니다! 그들은 부처님께 전혀 신심이 없기에 기회가 있다면 두 번 생각하지 않고 성물을 훔치거나 심지어 불상과 법당을 파괴합니다. 물론 실제 승려들과 수행자들도 만나게 되겠지만, 문제는 가짜 승려들의 행동이 모든 승려들에 대한 광범위한 환멸을 일으킨다는 점입니다. 쉽지 않습니다. 여러분이 전지하지 않다면 이런 행동과 상황은 설명하기 무척 어렵습니다. 그러니 여러분의 재량에 따르는 것이 가장 최선입니다.

거지들에게도 마찬가지입니다. 제가 듣기로 종종 이들이 범죄 집단에 속해 있고 사람들의 동정을 사서 현금을 받아내려고 집단적인 노력을 기울인다고 합니다. 그 결과 많은 거지들이 상당히 부유해졌습니다. 전문적인 거지들에게 적선하는 것은 좋은 생각이 아닙니다. 그들이 현금을 받는 동안 제대로 된 직업을 찾거나 건전한 삶에 대해 생각조차 하지 않기 때문입니다. 어떤 이들은 고의적으로 자신의 몸을 포함하여 여성이나 어린이의 몸, 심지어 아기들의 몸을 잘라 훼손하여 불구로 만들어 더욱 불쌍해 보이게 만들고 더 많은 돈을 끌어냅니다. 영적인 견해에서 보자면, 여러분이 보시하는 대상에 대한 태도는 매우 중요합니다. 이 세상의 누구든지, 전생에 어쩌면 여러분이 그들을 사랑했었고 그들도 여러분을 사랑했을지도 모른다는 것을 언제나 기억하세요. 여러분이 만나는 모든 거지들이 여러분을 대신해서 눈물이나 피를 흘렸을지도 모릅니다. 몇몇은 여러분을 보호하기 위해 자신의 목숨을 희생했을 수도 있지요.

우리가 만나는 사람들이 보살인지 아닌지 알 수 없고 — 부처님들은 많은 독특한 형태로 나투기 때문에 — 만약을 위해서, 여러분이 주는 모든 사람들이 깨달은 존재라고 상상해 보세요. 이는 밀교 수행자들에게 매우 중요합니다. 이들은 일체중생이 본존이고 가는 모든 곳이 만다라라고 생각한다는 서원을 했기 때문입니다. 이를 마음에 새길 수 있다면 우리의 보시바라밀은 더욱 심오해질 것입니다.

여러분이 만약 성문승 수행자라면, 지저분한 거리에 반쯤 벌거벗은 거지가 앉아 있는 것을 본다면, 입장을 바꾸어 그와 공감하려 노력해 보세요. 만약 여러분이 더러운 뒷골목에서 잠을 자야 하고 남이 던져 준 음식만 먹는다면 얼마나 괴로울지 상상해 보시길 바랍니다. 그런 다음 그에게 돈이나 음식을 줄 때 여러분과 같은 사람이기 때문에 자연스러운 존경으로 줄 수 있습니다. 여러분과 같은 사람이지만 인생의 모든 상황에서 행운이 부족할 뿐이죠.

여러분이 만약 보살승 수행자라면, 무수한 생 동안 이 걸인과 인연이 있었고, 그는 여러 번 부모나 연인, 남편이었음을 기억하세요. 아무리 하찮은 것을 주더라도 여러분이 만들고 있는 법연으로 인하여 어떻게든 이 걸인이 가르침과 인연이 되기를 염원 하세요.

가능하다면 여러분 자신, 거지, 공양물이 모두 환영임을 기억하세요. 이렇게 함으로써 그에게 동전을 건네는 단순한 행위가 가장 심오한 보시바라밀로 변할 수 있습니다.

만약 여러분이 밀교 수행자라면 이 걸인이 다름 아닌 여러분의 스승이나 본존이라고 상상하세요.

가짜 승려나 진정한 출가자 모두에게 보시를 할 때 여러분에게 집적되는 자량은 그들의 상태가 아닌 본인 마음의 동기에 더 의존합니다. 많은 걸인들이 가슴 아픈 사연을 가지고 있는데, 어쩌면 필사적으로 자신의 가족들을 먹여 살리기 위해서나 위독한 어머니의 고통을 덜어 줄 약이 필요해서 가짜 승복을 입고 여러분 앞에 서 있을 가능성이 충분히 있습니다. 너무 빨리 가짜 승려들을 비난하지 말고, 소위 말하는 많은 진정한 스님들이 메르세데스 벤츠를 운전하고 롤렉스 시계를 차거나 티파니 금목걸이를 한다는 사실을 명심하세요. 만나는 모든 이들을 의심하고 결점을 찾는 대신 삼보를 상징하는 승복을 존경하고 공경하세요. 그렇다면 비록 가짜 스님이더라도 많은 자량을 쌓을 수 있습니다.

후기

이 횡설수설의 편린은 순례 기간 동안 방문했던 법당과 사원에서 그들이 무엇을 해야 하고 무엇을 생각해야 하는지에 대한 계속되는 질문으로 나를 괴롭힌 친구들과의 인도 순례를 마친 후에 나왔습니다.

여러분이 보시다시피 이는 분명히 안내서가 아닙니다. 여러분이 안내서에 관심이 있다면 겐둔 최뻴의 '인도로 가는 길(The Guide to India)'[1]과 엘리지베스 쿡의 '부처님의 성지(Holy Places of the Buddha)'[2]를 추천합니다. 하지만 나처럼 관광객의 마음이라면, 론리 플래닛을 보라고 제안합니다. 나는 그 책의 자세한 정보에 언제나 놀란답니다.

이 책의 기도문과 게송들은 티벳인들에 의해 쓰여진 것이 아니므로, 여러분이 따르는 전통의 기도문이나 현재 사용되는 수백만 개의 기도문과 수행을 선택하셔도 좋습니다.

만약 이 책이 이해할 수 있고 읽을 만하다면, 이는 쟈닌 슐츠의 노력 덕분입니다. 또한 황징뤼의 지도 아래 싱가포르 사람들이 열광적으로 노력한 결과 큰 도움이 되었습니다: 응칭이, 카렌 추 리 이, 소남 텐징, 파우스티나 체, 콜린 네오, 빈센트 테오, 리챠드 셍, 릴리 치아, 까르마 텐진, 벤 탄, 테사 고, 에스티 탄, 메리 셸드레이크, 매그너스 리에게 감사 드립니다.

기록에 래인 파간, 녹음에 프랭크 리, 음성 파일에 크리스 제이, 데이브 즈위백이 동참했습니다.

모두 조사를 도와준 추 수칭, 슈 이유, 존 우 닝 치앙, 파오 최잉 도르지에게도 감사를 전합니다.

또한 훌륭한 번역을 제공해 준 로짜와 하우스lotsawahouse.org와 릭빠출판의 아담 피얼시, 존 칸티, 파드마까라 번역 그룹, 래리 머멜스타인, 나란다 번역 위원회 그리고 에밀리 보워께 감사 드립니다.

저는 또한 『입보리행론』 개정판의 인용문을 사용하게 허가해 준 샴발라 출판과 파드마까라 번역 그룹에 감사 드립니다.

초고를 교정하고 필요한 조언을 해준 사라 윌킨슨, 마리 텐진, 루신다 케리, 에밀리 크로우, 데이빗 누델, 필립 필리푸, 안드레아스 슐츠, 알렉스 트리소글리오께 감사 드립니다. 그리고 샴발라 출판사의 니코 오디세오스와 마이클 와코프께 감사 드립니다.

저는 또한 이 책이 나오도록 많은 도움을 준 바바라 마, 발레리 초우,

C.J 앙, 아멜리아 초우, 플로랑스 코, 존 챈과 켄체 파운데이션에 감사 드립니다.

제가 매번 이 책의 초안을 읽을 때마다 읽으면 읽을수록 점점 더 많은 실수와 모순을 발견했습니다. 그러므로 제가 할 수 있는 최선은 입을 다물어야 한다는 결론에 도달했습니다! 동시에 이 책에 관한 두 가지 의혹에 대해 언급해야 합니다. 첫째는 제가 너무도 게을러서 작업을 너무 오래 끌었고 두 번째는 너무 조급해서 빨리 마치려 서둘렀다는 점입니다. 결과적으로 여러분들이 책을 읽다가 많은 오류를 보게 될 것입니다. 그러나 내용에 반박하느라 여러분의 시간을 낭비하지 않으면 좋겠습니다. 부처님께 촛불 하나를 밝히거나 공양물을 올리는 것과 같이 여러분의 귀한 시간을 보다 나은 방법으로 보내시길 바랍니다.

부록

기도문과 만트라

발원 기도문의 왕, 보현행원품

산스크리트어: *Ārya Bhadracaryā Praṇidhāna Rāja.*

티벳어: *Pakpa Zangpo Chöpé Mönlam gyi Gyalpo.*

영어: *The King of Aspiration Prayers: Samantabhadra's "Aspiration to Good Actions."*

문수사리 동자께 예경합니다!

있는바 모든 시방세계의

인간 중의 사자와 같은

여래들께 몸과 말과 마음으로

제가 모두 예경합니다.

보현행원 위신력으로

일체 여래를 실재로 모시고

찰진수효 몸을 나투어

찰진수불께 예경합니다.

일미진중 미진수불 계셔

무량 권속 위요해 계시네.

그같이 무진 법계 남김없이

부처님들 가득 계심을 깊이 믿으며

바다처럼 다함없는 찬탄을

해조음과 같은 묘음으로서

부처님의 모든 공덕과

일체여래 찬탄합니다.

아름다운 꽃과 화환과

최상의 음악과 유향

일산, 등불, 훈향 등으로

모든 부처님께 공양합니다.

좋은 옷과, 향과, 향낭 등

수미산과 같이 쌓아서

아름답게 장식한 공양물들로

모든 부처님께 공양합니다.

부처님에 대한 신심과

보현행원 믿는 힘으로

광대하고 수승한 모든 공양을

부처님께 바치며 예경합니다.

탐진치의 번뇌로 인해

몸과 말과 마음으로써

제가 지은 모든 죄업을

빠짐없이 참회합니다.

시방의 부처님과 보살님

독각, 성문, 유학, 무학과

유정들이 지은 그 모든

공덕들에 수희합니다.

시방세계 등불들이시여

무탐, 대각 성취하신

일체중생 구제자시여

위없는 법륜 굴려 주소서.

열반에 드시려는 부처님들께

일체중생 이익과 안락을 위해

세상의 먼지만큼 무한한 겁을

머무시길 합장하고 간청합니다.

예경, 공양, 참회와

수희, 권청, 발원 등

제가 지은 모든 선근을

보리 위해 회향합니다.

시방세계 과거, 현재의

부처님들 모든 분께 공양합니다.

미래세의 모든 부처님들께서도

보리도를 완성하고 신속하게 오소서.

시방세계 전체가

완전하게 청정해지고

보리수의 부처님들과

보살님들 가득 차게 하소서.

시방세계 일체중생이

항시 무병 안락 누리며

법을 위한 추구 속에서

불화 없이 소원 성취하소서.

보살행을 제가 배우며

날 적마다 숙명통 얻고

모든 생에 걸쳐서

출가수행자로 살게 하소서.

부처님을 따라 배우고

보현행을 온전하게 갖추고

청정계율 수지하여 언제나

허물없는 수행 속에 머무르게 하소서.

천신, 용과, 야차와

구반다와, 인간 등의 일체중생이

알아듣는 갖가지 모든 말로써

부처님의 가르침을 전해 줄 수 있게 하소서.

언제나 온화하고 바라밀을 힘써 닦으며

보리심을 한시도 버리지 않고

모든 죄업들과 모든 장애를

남김없이 정화하게 하소서.

번뇌와 업장의 마군에서 벗어나

어떠한 세상 속에 있어도

허공에 걸림 없는 해와 달처럼

젖지 않는 연꽃처럼 행하도록 하소서.

모든 세계, 모든 곳에서

악도의 괴로움을 모두 없애고

일체중생 안락으로 이끌며

이타행에 힘쓰도록 하소서.

보살행을 완전하게 갖추고

유정들과 조화롭게 행하며

보현행을 훌륭하게 설하고

미래세의 모든 겁을 그와 같게 하소서.

저와 같은 보살행을 닦는 이들과

언제나 함께 만나 화합하면서

몸과, 말과, 마음의 모든 행위가

서원과 다름없이 하나 되게 하소서.

보현행을 훌륭하게 지도하여

저에게 도움 주는 이들과

언제나 친교하며 그분들이 저에게

절대로 실망하지 않게 하소서.

보살들에 둘러싸인 부처님

언제나 생생하게 뵈옵고

미래세의 모든 겁 동안

지침 없이 공양하게 하소서.

부처님의 바른 법을 지니고

보살행을 어디서든 빛내며

보현행의 완성 위한 닦음도

미래겁이 다하도록 끊임없게 하소서.

삼계 속에 윤회하면서

복덕과 지혜 자량 한량없이 쌓으며

방편, 지혜, 삼매, 해탈과

일체 공덕의 보고 되게 하소서.

하나의 먼지 위에 모든 먼지 수만큼

존재하는 세계들의 그 안에 계신

무수한 부처님과 보살님들을

보살행을 실천하며 뵙게 하소서.

그와 같이 모든 장소의

털끝만 한 크기 속에 삼세의

무수한 세계들과 부처님들 뵈오며

무한 겁을 수행하게 하소서.

말씀에 갖가지의 무수한 언어들로써

일체중생 종류 따라 각각으로 들을 수 있는

청정한 목소리의 부처님의 모든 설법을

제가 항시 듣게 하소서.

시방삼세 모든 부처님께서

법의 바퀴 굴리셨나니

무수한 가르침을 저 역시

지혜로써 증득하게 하소서.

한 찰나에 미래 모든 겁들에

들어가는 능력을 얻고

삼세의 모든 겁에도

한 찰나에 들어가게 하소서.

인간 중의 사자 같은 삼세의

일체여래 한 찰나에 뵈오며

언제나 부처님의 인식 경계에

환과 같은 해탈력에 의해 들어가게 하소서.

삼세에 이루어진 모든 세계를

한 알의 먼지 위에 성립시키고

그와 같이 모든 곳의 불국토에도

빠짐없이 들어가게 하소서.

미래 세상 등불 되실 부처님들이시여

차례대로 법의 바퀴 굴리시오며

열반의 구경안락 보이시는 구제자님들

제가 모두 친견하게 하소서.

모든 곳에 신속한 신통의 힘과

모든 문의 수행의 힘과

모든 공덕 실천의 힘과

모든 중생 향한 자비의 힘과

모든 선업 공덕의 힘과

걸림 없는 지혜의 힘과

지혜, 방편, 삼매 힘으로

보리의 힘 완전하게 이루고

업장의 힘 완전하게 정화하며

번뇌의 힘 완전하게 파괴하고

마군의 힘 완전하게 제압하여

보현행을 완성하게 하소서.

바다 같은 모든 세상 완전하게 정화하고

바다 같은 일체중생 완전하게 건지며

바다 같은 일체법을 투철하게 보아서

바다 같이 넓고 깊은 지혜 얻게 하소서,

바다 같은 광대행을 완전하게 익히고

바다 같은 대서원을 완전하게 이루며

바다 같은 부처님께 공양 올리고

바다 같은 무한 겁을 단념 없이 행하도록 하소서.

시방삼세 부처님들의

보살 때의 모든 서원들

보현행을 통해 대각 이루어

제가 모두 완성하게 하소서.

모든 부처님의 큰 아들

보현이란 이름의 대보살님의

행을 따라 배우기 위해

이 모든 선근들을 회향합니다.

청정한 몸과, 말과, 마음과

청정한 행과, 불국토

회향마저 훌륭한 보현보살님처럼

저도 그와 같이 되게 하소서.

모든 면에 선한 행위 익히기 위해

문수보살 서원도 배워 행하고

미래 겁이 다하도록 지치지 않고

그의 행위 남김없이 완성하게 하소서.

광대행이 한량없이 증장하고

공덕들도 한량없이 증장하며

한량없는 광대행에 머물면서

그것들의 신통변화 모두 알게 하소서.

허공 끝을 헤아릴 수 없듯이

일체중생 한계 역시 그와 같으며

업장, 번뇌 한계가 얼마나 되건

내 서원의 한계 역시 그와 같으리.

무한한 시방세계 가득하게 보배로

장식해서 모든 부처님께 공양 올리고

인간계와 천상계의 최고 안락들 역시

먼지만큼 많은 겁을 부처님께 공양합니다.

누군가가 이와 같은 회향문 듣고

위없는 보리 추구하는 마음 발하고

잠시라도 신심 일어난다면

이 역시 수승한 바른 공덕 되리라.

누군가가 이와 같은 보현행원 발하면

모든 악도 벗어나게 되나니

그는 모든 악한 벗을 여의고

무량광불 신속하게 보게 되리라.

필요한 것 쉽게 얻고 안락한 생활

이생에서조차 복을 누리고

오랜 세월 지나지 않아

보현보살처럼 되리라.

알지 못하고서 저지른

오무간의 죄업들 역시

보현행원 독송한 공덕에 의해

신속하게 완전히 정화되리라.

지혜와 좋은 몸과 명예와

좋은 가문, 좋은 형색 갖추고

마군과 외도들이 범접하지 못하며

삼계 유정들의 공양을 받게 되리라.

머지않아 보리수에 다다라

일체중생 위해서 마음을 닦아

성불하여 법의 바퀴 굴리고

일체 마군 정복하리라.

어느 누구든지 보현행원을

수지하고 설하거나 독송한

그의 과보 부처님이 아시니

의심할 바 없이 대각 성취하리라.

지혜롭고 용맹하신

문수, 보현, 두 보살님

따라 저도 배우고

모든 선근 회향합니다.

시방삼세 모든 부처님께서

회향 공덕 최상으로 찬탄하셨듯

저의 모든 선근들 역시

보현행을 위해 회향합니다.

이 목숨이 다하는 시기가 되면

모든 업장 소멸하고 청정해져서

무량광불 직접 만나 뵈옵고

극락왕생하게 하소서.

극락에서 태어난 후 모든 서원을

빠짐없이 기억하고 남김없이 이루어

온 세상이 다할 때까지

일체중생 위해 이익 되게 하소서.

고귀하고 환희로운 부처님의 만달라

그 안의 아름다운 연꽃에서 태어나

무량광 부처님의 수기를

제가 직접 받게 하소서.

그와 같이 수기 받고서

수십억의 화신 자재하게 나투어

지혜로써 시방세계 유정들에게

헤아릴 수 없는 이익 주게 하소서.

이와 같은 보현행원 발해서

제가 얻은 선근공덕 있다면

이로 인해 모든 유정들의 선한 발원들

모두 한 찰나에 이뤄지게 하소서.

보현행의 완전한 회향으로 인해서

무한한 공덕 얻고, 이로써

고해 속에 빠져 있는 일체중생이

무량광불 극락정토 왕생하게 하소서.

이와 같은 최상 발원, 발원 중의 왕

이로 인해 무한한 일체중생 이익을 얻고

보현의 장엄하신 이 말씀을 이루어

나쁜 세계 남김없이 비게 하소서.

중생들의 선업 어떠한 것이든 전부와

지은 것, 지을 것, 현재 짓는 것으로

온전한 선인 불 지위를 얻어

항상 선한 종성으로 태어나지이다.

여기까지 「보현행원품」입니다.[1]

금강계金剛界 만다라 기도문

나모 구루.

원숭이 해 원숭이 달의 열 번째 날, 구루 린포체는 삼예 사원의 터키석으로 장엄된 법당에서 금강계의 만다라를 발견했습니다. 그때에 구루 린포체는 이 기도문에 대해, 이제부터 왕과 백성들은 언제나 이 기도문을 수행하고, 미래의 존재들도 이를 필수적인 수행으로 받아들이고 일념으로 염송해야 한다고 했습니다.

시방삼세의 모든 불보살님,
승가, 본존들과 호법신장님들께
찰진수효 몸을 나투어 청하오니 부디 오시어
허공 중 우리 앞 연화대 달방석 법좌에 앉으소서.
지극한 삼문의 청정으로 예경하옵고
외부 내부 비밀과 궁극의 공양을 올립니다.

부처님과 숭고한 권속들 앞에

무시이래로 쌓았던 악행을 참회하고,

현재 저지른 불선업 또한 참회합니다.

미래에 다시는 불선업을 저지르지 않는다는 서원을 합니다.

모든 공덕과 선업을 수희찬탄합니다.

부처님들께서 열반에 드시지 마시고,

삼장三藏*의 법륜과 위없는 법륜을 굴려 주소서.

모든 공덕을 일체 중생의 깨달음에 회향합니다.

불보살님들, 부디 저희를 보살펴주소서!

보현보살과 그의 법손들 그리고 존귀한 문수사리,

이 수승한 기도문으로, 우리들이 전지한 존재들의 예를 따라 살게 하소서.

법을 받드는 존귀한 스승들이 허공과 같이 하나와 모두를 아우르게 하소서.

그들이 해와 달처럼 만물을 밝히고,

그들이 산처럼 영원히 굳건하게 남으시길 기원합니다.

법의 토대인 존귀한 승단,

---

* 경장經藏, 율장律藏, 논장論藏.

조화와 청정한 계율과 삼학과 함께하기를 기원합니다.

가르침의 정수인 비밀승의 수행자들이

사마야계를 지키고 생기차제와 원만차제를 성취하기를 기원합니다.

법을 수호하는 호법 신장들이

그들의 영토를 넓히고 가르침에 이익이 되기를 기원합니다.

법의 하인인 왕실 법사들이

지혜롭고 지식이 자라나길 기원합니다.

가르침을 후원하는 부유한 재가자들이

번창하고 위험으로부터 자유롭길 기원합니다.

가르침에 대한 신심이 있는 모든 나라들이

행복하고 어려움을 극복하길 기원합니다.

그리고 우리 수행자들이 해탈도에 들 수 있도록

사마야계를 파하는 원인이 없고, 우리의 발원이 이루어지길 기원합니다.

좋든 나쁘든 업으로 얽혀 있는 모든 이들이

일시적으로나 궁극적으로 부처님의 보살핌을 받기를 기원합니다.

일체중생이 최상승의 문에 들어

보현보살의 위대한 왕국을 성취하길 기원합니다!

하루에 여섯 번 이 기도문을 독송하시길 바랍니다. 사마야 걍.

무릎 첸뽀 왕자의 환생인, 위대한 뗄뗀 '초귤 데첸 링빠'가 셍첸 남닥의 성
지 오른편인 탁리 린첸 체빠의 꼭대기 아래, 많은 군중들이 모인 가운데
이 보장*을 꺼냈다. 베로짜나의 비단 가사에 예세 초갤이 티벳어로 작성
했다. 이는 발견 즉시 빼마 걀왕 로되 타예에 의해 수정되었다. 선업과 공
덕이 증장되길![2]

---

* 뗄마Terma, 寶藏, གཏེར་མ 는 구루 파드마삼바바와 그를 도운 예세 초갤에 의해 8~9세
기에 티벳, 네팔, 부탄 등지에 숨겨진 가르침과 유물들이다. 이 뗄마(보장)들은 적당
한 때에 정해진 제자에 의해 찾아진다. 이 보장을 찾는 사람들을 보장 발견자 혹은
떼르뙨གཏེར་སྟོན이라고 하는데 이들은 땅에서, 하늘에서, 비전Vision으로 혹은 봉인되
었던 그들의 마음에서 찾는다.

미래의 불법을 위한 기도문

　　과거 칠불七佛이신 비바시불毘婆尸佛, 시기불尸棄佛, 비사부불毘舍浮佛,

구류손불拘留孫佛, 구나함불拘那含佛, 가섭불迦葉佛, 석가모니불釋迦牟尼佛

께 예경 드립니다!

과거에 요익중생을 위해

나는 모든 고난을 인내했고 자신의 안위를 버렸사오니

이를 통해 먼 미래에 오랫동안 불법이 불타오르게 하소서!

과거에 병자들을 위해 나는 내 인생을 버렸사오니

도움이 필요한 자와 가난한 자를 보호하기 위해

미래에 오랫동안 불법이 불타오르게 하소서!

깨달음의 보물을 구하기 위해

나는 아들 딸 부인 재산 코끼리와 마차를 포기했사오니

미래에 오랫동안 불법이 불타오르게 하소서!

부처님 성문 연각 우바이 우바새 현인들에게 공양을 올린 공덕으로

미래에 오랫동안 불법이 불타오르게 하소서!

깨닫기 위한 가르침을 구하느라 수백만 겁 동안 견딘 인내로

미래에 오랫동안 불법이 불타오르게 하소서!

청정한 계행, 오랜 기간의 고행, 시방의 부처님께 공양을 올린 공덕으로

미래에 오랫동안 불법이 불타오르게 하소서!

과거에 지속해서 수행하고자 애쓰고 들뜸을 극복한 나의 정진을 통해

일체중생의 해탈을 위해 미래에 오랫동안 불법이 불타오르게 하소서!

저의 끊임없는 인욕을 통해

중생들의 번뇌가 줄어들고 모든 악행에 인내하며

미래에 오랫동안 불법이 불타오르게 하소서!

저의 선정을 통해

해탈과 사무색정四無色定을 성취하여

갠지스 강가의 모래알만큼 삼매를 닦은 힘을 통해

미래에 오랫동안 불법이 불타오르게 하소서!

과거 지혜를 찾아

숲속에서의 고행과 다른 이들에게 수 없이 논서를 가르쳤던 공덕으로

미래에 오랫동안 불법이 불타오르게 하소서!

자비심으로 내 살과 피와 내 인생을 주었고

내 팔과 다리와 내 육신을 모두 내어 준 보시의 공덕으로

미래에 오랫동안 불법이 불타오르게 하소서!

과거에 자애심으로 해로운 존재들을 완전히 성숙시켰고

그들을 삼승三乘*으로 이끈 공덕으로

미래에 오랫동안 불법이 불타오르게 하소서!

---

* 소승·대승·밀승 혹은 성문승·연각승·보살승.

과거에 수승한 방편과 지혜로

유정들을 사견으로부터 해방시켰고 정견으로 이끈 공덕으로

미래에 오랫동안 불법이 불타오르게 하소서!

제자를 이끄는 네 가지 방편으로

불타는 번뇌로부터 유정들을 건졌고 걷잡을 수 없는 악행을 조복한 공

덕으로

미래에 오랫동안 불법이 불타오르게 하소서!

나는 다른 견해를 가진 세속신들과 다른 이들을 해방시켰고

그들을 정견으로 이끌었으니

나를 따르는 이들은 언제나 바른 신심을 갖게 하소서!

미래에 오랫동안 불법이 불타오르게 하소서!³

이 시는 이렇게 말합니다.

중국의 진·송·양·제·당 시대 때 많은 훌륭한 승려들이 불법을 찾아 장안⁴을 떠났습니다. 수백 명이 길을 나섰지만 돌아오는 이는 열 명도

되지 않았습니다. 마지막으로 떠나는 이는 어떻게 전임자들의 고난을 예견할 수 있었을까요? 갈 길은 멀고 하늘은 파랗고 공기는 차가우며 사막과 강은 길을 가로막고 있었고, 이는 정말 지치게 만듭니다. 만약 미래 세대가 전임자의 의도를 이해하지 못한다면, 경전은 당연하게 받아들여지고 가볍게 취급될 것입니다.[5]

꽃과 절을 위한 만트라

성지에서 꽃을 공양 올릴 때 다음과 같은 만트라를 염송하세요.

나모 바가바떼 뿨뻬 끼뚜 라자야 타탸가타야 아르하떼 삼먁삼

붓다야 데야타 옴 뿨뻬 마하 뿨뻬 수뿌쉬뻬

웃뱌베 뿨뻬 암 뱌베 뿨뻬 아햐 까라니 스와하

위 만트라를 일곱 번 하고 꽃을 올리세요.

만트라는 꽃의 수를 증가시키기에 여러분은 천만 배의 자량을 쌓게

됩니다.

순례 동안 절을 올릴 때 아래의 만트라를 염송하세요.

옴 나모 바가바떼 라트나 끼뚜 라자야 타탸가타야 아르하떼 삼먁삼

붓다야 데야타 옴 라트네 마하 라트네 라트나 비자예 스와하

절하는 동안 이 만트라를 염송하면, 성지에서 천만 번 절을 하는 것
과 같으며, 같은 양의 자량을 집적하게 됩니다.

주석

서문

1. 똘마는 의식 때 사용되는 공양물로 볶은 보릿가루와 버터를 빚어 모양을 만들고 색을 입힌다. 주로 본존, 만다라, 공양물, 심지어 무기를 상징한다.
2. 오대산.

1. 불교 성지

1. 「보현행원품」.
2. 24개의 법당과 32개의 성스러운 장소로 알려져 있다.
3. 니란자나 강은 팔구 강의 옛 이름이다.
4. 미혹한 중생이 윤회輪廻하는 욕계欲界, 색계色界, 무색계無色界의 세계.

2. 순례

1. 불정佛頂, 무견정상無見頂相, 정계라고도 한다. 부처 32길상의 하나로서 보통 부처의 머리 위에 혹과 같이 살(肉)이 올라온 것이나 머리뼈가 튀어나온 것으로 지혜를 상징한다.

3. 순례를 최대한 활용하는 방법

1. 싯다르타 태자가 왕궁을 몰래 빠져나간 후 찬나는 왕자를 숲까지 말을 타고 모셔다 드렸다. 싯다르타는 머리를 자르고 자신이 입었던 모든 옷과 장신구를 찬나에게 주어 돌려보내 고행의 길을 간다는 사실을 알렸다.

2. 진리를 찾아 떠도는 고행의 삶을 준비하기 위해 손을 땅을 대는 수인手印.
3. 윤회를 완전히 끊어버리겠다는 마음.
4. 『둑빠까규 독송법본』 발췌.
5. 샨티데바 『입보리행론』.
6. 샨티데바 『입보리행론』 2: 24-25.
7. 샨티데바 『입보리행론』 2: 1-23.
8. 샨티데바 『입보리행론』 2: 27-31.
9. 샨티데바 『입보리행론』 2: 63-65.
10. 샨티데바 『입보리행론』 3: 1-4.
11. 샨티데바 『입보리행론』 3: 5.
12. 샨티데바 『입보리행론』 3: 6.
13. 샨티데바 『입보리행론』 3: 7-10.
14. 샨티데바 『입보리행론』 2: 2.
15. 샨티데바 『입보리행론』 2: 17.
16. 만다라 공양 기도문.
17. 샨티데바 『입보리행론』 1: 9.
18. 샨티데바 『입보리행론』 1: 13.
19. 샨티데바 『입보리행론』 1: 5.
20. 샨티데바 『입보리행론』 3: 23-24.
21. 샨티데바 『입보리행론』 3:25-32.
22. 샨티데바 『입보리행론』 3: 33-34.
23. 샨티데바 『입보리행론』 3: 11.
24. 『반야심경』.
25. 샨티데바 『입보리행론』 3: 18-22.
26. 샨티데바 『입보리행론』 10: 54.
27. 「보현행원품」.
28. 구루 파드마삼바바의 「기원문」(종사르 켄체 린포체 역).

* 샨티데바의 『입보리행론』·『입보살행론』은 청전 스님과 혜능 스님 역 참조.

* 「보현행원품」은 우리출판사와 지덕 스님 역 참조.

후기

1. 겐둔 최뺄의 '인도로 가는 길(The Guide to India)' 뺄졸 출판 2002.

2. 엘리자베스 쿡의 '부처님의 성지(Holy Places of the Buddha)' 달마 퍼블리싱 1994.

부록: 기도문과 만트라

1. 「보현행원품」(번역: 지덕 스님).

2. 초굴 링빠 '촉추 뒤찌.'

3. 미래의 불법을 위한 기도문.

4. 당나라 시대의 수도. 영원한 평화를 의미한다.

5. 이 시는 중국의 승려인 이칭(635-713 Ce)에 의해 쓰여졌다. '크리스 야오'가 중국어에서 영작.

켄체 만다라

- 모나스틱스MONASTICS 강원/사원 후원

인도, 티벳, 부탄의 여러 사원과 강원을 후원하고 있다.

- 켄체 재단 KHYENTSE FOUNDATION

2001년 설립된 켄체 재단은 불교 공부, 수행, 학술적 연구를 지원하고 장려하기 위해 만들어진 국제 비영리단체다. 근본 목적은 부처님의 지혜와 자비를 널리 전파하여 중생들에게 이익을 주는 것이다.

켄체 재단은 초종파적인 입장에서 불교의 모든 법맥의 가르침을 번역하고 보존하며, 무상으로 제공하고자 한다. 현재까지 재단에서는 30개 국에서 여러 프로젝트를 진행했다. 프로젝트들 중에는 미국 버클리 대학 불교 연구학장에 장학금 지원, 미국과 유럽 지역에서 티벳불교 문헌들을 디지털화 하는 작업, 아시아 지역의 전통 강원 후원, 그리고 출가자와 재가자 모두에게 제공되는 국제 장학제도 등이 있다. 켄체 재단은 "84000: 불설 전승 역경" 프로젝트를 시작하는 데 결정적인 역할을 수행했다. 84000 프로젝트는 100년 동안 불법을 현대 언어로 모두 역경하는 비전을 가진 비영리 역경위원조직이다.

- **싯다르타즈 인텐트** SIDDHARTHA'S INTENT

싯다르타즈 인텐트는 부처님의 가르침을 보존하기 위해 1989년 종사르 잠양 켄체 린포체에 의해 설립된 국제 불교 신행 단체다. 법회와 안거를 주관하고 녹취된 법문을 기록, 보관, 배포하며 불서와 법본 번역, 지속적인 공부와 수행에 전념하는 단체를 수립하는 것을 통하여 린포체의

전법을 지원한다. 또한 싯다르타즈 인텐트는 특정 문화와 전통을 넘어 불교의 정수를 이해하고자 노력하는 수행 단체다. 2015년 린포체의 가피 아래 싯다르타즈 인텐트 코리아가 설립되었다.

- **로터스 아웃리치** LOTUS OUTREACH

로터스 아웃리치는 개발도상국의 취약 계층인 여성과 아동의 교육, 건강 및 안전을 보장하기 위해 노력하는 비영리단체다.

- 84000 **불설 전승 역경** Translating the Words of the Buddha

84000은 부처님의 모든 가르침을 현대 언어로 번역하여 모든 사람이 볼 수 있도록 하는 비영리단체다.

- 잠양 켄빠 JAMYANG KHYENPA

부탄에서의 공부와 수행을 통해 불교의 진흥을 도모하는 단체다.

- 미들웨이 에듀케이션 MIDDLE WAY EDUCATION

미들웨이 교육의 주된 목적은 불교의 지혜 전통에 뿌리를 둔 포괄적인
교육 모델을 개발하고 전세계에 불교 학교를 설립하거나 기존의 학교를
재정립하는 데 도움을 주기 위한 혁신적 교육의 진보를 바탕으로 한다.

- 디어 파크 연구소 DEER PARK INSTITUTE

디어 파크 연구소는 고전적인 인도의 지혜 전통을 연구하는 센터다.
2006년 3월에 설립되었으며, 싯다르타즈 인테트 산하 프로젝트 중 하나
였다.

- 평화 보병 프로젝트 PEACE VASE PROJECT

평화 보병 프로젝트는 우리 지구에 평화, 화합, 안녕을 복구하기 위한
글로벌 프로젝트로 딜고 켄체 린포체의 염원에 의해 시작되었다. 종사르
켄체 린포체는 이 포로젝트를 인수하여 6,200개의 보병을 묻겠다는 서
원을 했다.

- 로몬 소사이어티 LHOMON SOCIETY

로몬 소사이어티는 부탄의 삼둡 종카 지역에서 시작하여 부탄과 그 너머의 모델로써, 국민의 진정한 행복을 위한 발전과 지식, 원칙, 가치와 수행을 육성하기 위해 만들어진 단체다.